역사야, 나오너라

아버지가 들려 주는 한국사 이야기

첫판 1쇄 펴낸날 2003년 11월 29일
       47쇄 펴낸날 2024년 8월 23일

지은이 이은홍
발행인 조한나
주니어 본부장 박창희
편집 박진홍 정예림 강민영
디자인 전윤정 김혜은   **홍보** 김인진
회계 양여진 김주연
인쇄·제본 영신사

펴낸곳 (주)도서출판 푸른숲
출판등록 2003년 12월 17일 제2003-000032호
주소 경기도 파주시 심학산로 10, 우편번호 10881
전화 031) 955-9010   **팩스** 031) 955-9009
인스타그램 @psoopjr   **이메일** psoopjr@prunsoop.co.kr
홈페이지 www.prunsoop.co.kr   **제조국** 대한민국

Text copyright ⓒ 이은홍, 2003
Illustration copyright ⓒ 이은홍, 2003

ISBN 978-89-7184-539-4 73910

* 잘못된 책은 구입하신 서점에서 바꾸어 드립니다.
* 저자, 일러스트레이터와의 협약에 의해 인지는 생략합니다.
* KC마크는 이 제품이 공통안전기준에 적합하였음을 의미합니다.
* 던지거나 떨어뜨려 다치지 않도록 주의하세요.
* 이 책 내용의 전부 또는 일부를 재사용하려면 저작권자와 푸른숲주니어의 동의를 받아야 합니다.

역사야, 나오너라
아버지가 들려 주는 한국사 이야기

글·그림 이은홍

푸른숲주니어

얘들아, 모두들 나오너라!

나는 지금도 내 아들 어진이가 태어난 날을 환히 기억해.
1991년 9월 6일 초저녁, 어진이가 세상에 나오자마자 터트린 첫 울음소리를 분만실 열쇠 구멍에 귀를 대고 들었지.
어진이 엄마가 미역국 한 그릇을 힘겹게 비우는 걸 지켜본 뒤 나도 저녁을 먹으러 병원 밖으로 나왔어.
이때 신기한 경험을 했어. 내 키가 쑥 커지더니 세상이 다 내 눈 아래에 내려다보이는 거야.
길에 서 있는데도 육교 바닥이 보여! 건너편 길도 휙 한 걸음에 갈 수 있을 만큼 몸이 가벼운 느낌이 들었어! 등만 돌리면 5층짜리 병원 건물 옥상 바닥도 보일 것 같았다니까!
물론 흥분할 정도로 기쁜 나머지 이런 기분이 들었다는 걸 잘 알아.

그렇게 기쁘게 맞은 아들이 어느 덧 초등학교 6학년 학생으로 커 버렸어.
여전히 옆에 있는 것만으로도 기쁨을 주는 아들이지만…….

그런데 정말 화가 나고 미워질 때가 가끔 있어. 바로 어진이가 여럿이 어울려 놀면서 제 욕심만 채우려는 모습을 보일 때야. 물론 언제나 양보만 하고 살 수는 없어. 왜냐면 정당한 자기 몫을 챙기는 것도 아주 중요한 일이니까. 그렇지만 주변을 돌보지 않고 자기 욕심만 내세워서는 절대 안 돼. 그렇게 해서는 아무도 행복해지지가 않아. 우리가 역사를 통해 알아야 할 게 바로 이것이야.

　지구에 인류가 나타나고 수십만 년이 지나서야 사람들은 사회를 이루고 모여 살았어.
　그러고도 수만 년이 더 지나 처음 나라가 생겨났어. 그때 사람들 사이에는 심한 차별이 있었어. 짐승 취급받으며 일만 하고 사는 노예가 있었고, 권력과 재산을 독차지하고 사는 왕과 귀족이 있었지. 욕심껏 누리고 살던 왕과 귀족들은 행복했을까? 과연 그랬을까?
　사람들 사이에 차별을 없애고 백성들 스스로 나라를 이끌어 가는 것을 민주주의라고 해.
　민주주의가 세상에 나온 지 겨우 수백 년, 우리 나라에 민주주의가 들어온 지는 아직 백 년이 채 안 됐어. 제 욕심만 챙기는 게 아니라 다른 사람들과 함께 나누며 사는 게 행복해지는 길이라는 걸 알기까지 수천 년이 걸린 셈이야.
　참 오랜 세월이 걸렸지만 그래도 역사는 올바른 길로 한 발 한 발 내디뎌 온 것이야.
　역사란 민주주의로 다가가는 길! 이 이야기를 너희와 나누고 싶었어.

　이 책을 통해 너희와 이야기하고 싶은 게 한 가지 더 있어. 민족에 대한 이야기야. 21세기를 맞은 세계는 정말 한 지붕 아래 사는 것처럼 가까워졌어. 먹고 입고 사는 모습들도 점점 비슷해져 가. 특히 큰 도시의 모습들은 더 그래. 하지만 이건 그리 반길 일이 아니야. 세계가 아무리 가까워졌더라도 민족 스스로 지켜 나가야 할 것이 있으니, 그것은 오랜 세월 동안 이어져 온 저마다의 문화와 역사야. 내 스스로 자신감과 자부심이 있어야 학교나 동네에서 즐겁고 건강한 생활을 할 수 있듯이, 내 민족의 문화와 역사를 제대로 알고 지켜 나갈 때야만 누구든지 당당히 세계에 나설 수 있는 것이니까.
　그렇다고 우리 민족만 중요하다고 울타리를 치고 살면 안 되겠지. 당당히 세계에 나서자는 건 약한 민족을 괴롭히고 우리 이익만 좇자는 이야기는 분명 아냐. 더 좋은 세상을 만들기 위해 떳떳하게 노력하자는 말이지.

　앞으로 평화로운 세계를 만들어 갈 너희들과 우리 민족이 살아 온 내력에 대해 꼭 이야기 나누고 싶었어. 오늘의 너와 너희 가족과 친구와 이웃들을 이 땅에 있게 한 우리의 역사 말이야.
　왠지 어려운 이야기일 것 같다고? 혹시 따분할 것 같다고? 너무 걱정하지 말고 한 쪽 한 쪽 훑어봐. 그래도 선뜻 안 내킨다고? 좋은 방법을 알려 주지. 책을 펴고 노려보는 거야.
　그리고 배에 힘을 준 다음 주문을 외듯 한마디 하는 거야.

　　"역사야, 나오너라!"

고마운 분들

처음부터 이 책을 함께 고민하였고 원고가 나올 때까지 오랫동안 참고 기다려 준 푸른숲 위원석 차장님, 이 책이 어린이들에게 잘 읽히도록 요모조모로 꾸며 주신 디자이너 오성희님, 늘 꼼꼼한 지적을 해 준 아내 신혜원, 그리고 아빠를 도와 제 손으로 그림을 그려 준 아들 어진이.
"고맙습니다!"

차 례

선사 시대
1. 원시인을 보고 바보라는 사람이 바보다 · 8

1. 너무나 별난 동물 '사람' · 14
2. 가장 힘센 동물 '사람들' · 16
   왜 구석기 시대일까? | 우리 나라 구석기인들은 어디로부터 왔을까? | 거대한 맹수들도 '사람들'을 보면 도망쳤다
   옷을 입고 더 강해진 사람들 | '사람들'의 역사를 1년으로 치면 이제 363일이 지났어!
3. 고맙습니다, 불씨님! 고맙습니다, 볍씨님! · 20
   또 하나의 놀라운 발명품 토기를 소개합니다 | 우리 마을에 오신 걸 환영합니다! | 농사짓기, 하늘 아래 가장 으뜸가는 것!
   이 세상을 만드신 농부님들 | 우리 모두는 신석기 시대의 아들, 딸이다 | 마침내 역사 시대가 시작하려 해!

고조선 시대
2. 5천년 전 그때 이미 모든 것이 시작됐다 · 24

1. 권력 · 26
2. 전쟁과 무기 · 27
   전쟁은 장난이 아니다 | 청동기에서 철기로, 끝이 없는 무기 개발
3. 부자와 가난한 사람 · 29
4. 해 뜨는 아침의 나라 · 30
   고조선, 그곳에 가면 군자들만 살고 불로초가 있다 하던데… | 고조선, 그곳에 법이 있더라 | 고조선, 나라는 사라져도 겨레는 남는다
5. 신화 속에 숨겨진 비밀들 · 34
   신의 아들이 세운 우리 나라 | 단군 신화를 읽자

삼국 시대와 남북국 시대
3. 하나의 겨레가 세운 세 개의 나라 · 38

1. 삼국 시대, 바람의 나라들 · 41
   고구려, 백제, 신라 그 천 년의 바람
2. 왕들은 알을 깨고 나온다? · 43
3. 고구려, 힘찬 출발 · 46
   고구려 그 힘찬 출발 | 백성을 살리기 위해 귀족과 맞선 고국천왕과 재상 을파소 | 백성을 죽이는 왕은 필요 없다
   백제, 한강을 젖줄 삼아 나라를 세우다 | 백제를 크게 키워 낸 근초고왕 | 신라, 천 년을 향한 첫 발걸음
4. 세 나라가 불교와 만났을 때 · 50
   왕이 곧 부처다? | 백성들이 꽃피워 낸 찬란한 불교 문화 | 여기서 잠깐, 불교는 어떻게 생겨났나요?
5. 정복할 것인가? 정복당할 것인가? · 54
   가장 커다란 나라 고구려 | 튼튼한 성, 백성들의 단결된 힘, 그리고 을지문덕 장군이 있었다 | 작지만 꿋꿋한 나라, 백제
   슬기로운 만큼 용감한 나라, 신라 | 신라 백성을 하나로 뭉치게 한 '화랑도' | 삼국 통일은 누가 이뤄 냈을까?
6. 왕과 귀족만으로는 나라가 안 돼요 · 62
   통일 신라의 빛 | 통일 신라의 그림자 | 신라, 천 년 역사의 막을 내리다 | 발해를 꿈꾸며

 **고려 시대**
4. 온 백성이 원한 하나의 나라 · 70

1. 더 이상 알에서 깨어 난 왕은 없다 · 73
   새로운 사회 | 강력한 민족 국가를 꿈꾸다
2. 왕과 귀족의 씨가 따로 있으랴! · 76
   모든 백성이 다 잘살 수 있으면 좋으련만 | 다시 새로운 고려를 꿈꾸다
   이제는 무신들 차례? | 백성들도 인간이다. 인간답게 살아 보자!
3. 코리아? …코리아! · 80
4. 거센 '몽골 바람'이 불어 닥쳤을 때 · 82
   바람 앞에 등불로 선 고려 | 고려를 지켜 낸 '백성들의 힘' | 전쟁이 끝난 뒤
5. "바꾸자!" 새로운 바람이 분다 · 86

 **조선 시대**
5. 왕, 양반, 법 그리고 남자의 나라 · 88

1. 나라를 다스린다는 사람들 · 92
   조선, 역사에 뿌리를 내리다 | 왕의 나라냐? 신하의 나라냐? | '가문의 영광'이 '나라의 몰락'으로 | 왕도 신하도 나라를 잃다
2. 사람이라고 다 사람이 아니다 · 101
   가난한 백성들 | 세상을 바꾸어 보려 했던 백성들
3. 비바람 치는 역사 속에서도 꽃은 피어난다 · 109
4. 어느 누구도 어떤 나라도 혼자 살 순 없다 · 111
   반갑지 않은 먼 나라 사람들 | 억지로 열게 된 나라의 문 | 강도에게 나라를 뺏기다

 **독립 투쟁과 조국의 분단**
6. 빼앗긴 들에도 봄은 오는가 · 118

1. 나라가 없어졌다 · 120
   지옥 같은 세상 | 도둑이 큰소리치는 세상 | 도둑들, 사악한 최면술까지 부리다 | 얼을 뺏긴 사람들
2. 죽어도 좋다. 나라를 되찾으리라! · 125
   터지자 밀물 같은 대한 독립 만세! | 처음 울려 퍼진 "대—한민국!" | 총을 들고 싸운 사람들 | 겨레의 얼을 지킨 사람들
3. 삼천리강산에 찾아온 새 봄 · 129
   1945년 8월 15일 12시 | 악! 삼팔선이라니…?!!! | 출발! 대한민국

부록 그 다음 이야기

증조할머니 이야기 ★ 6.25전쟁과 1950년대 | **외할아버지 이야기** ★ 1960년대~1970년대

엄마와 아빠의 청춘 시대 ★ 1980년대~1990년대

원시인을 보고 바보라는 사람이 바보다

선사 시대

우리가 사는 한반도에 사람들이 살기 시작한 것은 수십만 년 전의 일이야. 하지만 처음에는 글자가 없었어. 그래서 글로 남긴 역사의 흔적도 찾을 수 없고, 당시 사람들의 생활도 정확히 알 수는 없어. 이 시기를 선사 시대라고 해.

글로 남겨진 역사가 없어 선사 시대라고 부르기는 하지만 이 시기가 우리 역사의 씨앗인 것만은 분명해. 그럼 잊혀진 '선사 시대의 역사'를 어떻게 찾을까? 그때 살았던 사람들이 남긴 유물과 유적을 살펴본다면 어느 정도 짐작은 할 수 있을 거야.

돌도끼와 돌망치를 든 원시인들이 이 땅 이곳 저곳을 누비는 우리 조상이었다니 참 재미있지 않니?

원시인을 보고 바보라는 사람이 바보다

누군가 널 보고 이렇게 말하면 넌 기분이 어떨까?
그리 좋은 느낌은 아닐 거야. 아마 이런 생각이 들지도 몰라.

"날 덜떨어진 미개인 취급하는군!"

"헐~, 내가 왜 짐승 같은 야만인이란 거야?"

생김새도 오랑우탄 사촌쯤 돼 보이는 원시인이고 보니 그런 생각이 들 만도 하지. 하지만 원시인은 미개인이나 야만인하고 전혀 달라. 같거나 비슷하다고 생각한다면 그건 큰 착각이야. 사전에 나오는 대로 낱말 풀이를 하면, 미개인은 문명에 뒤떨어진 사람을 일컫는 말이고 야만인이란 문화와 교양이 없이 함부로 사는 사람이란 뜻이야.
그게 그거 아니냐고?
천만에 잘 들어 봐.

어진이가 그린 원시인

어느 시대나 미개인과 야만인은 다 있을 수 있어.

십만 년쯤 후 1021세기, 문명이 어마어마하게 발달한 시대에 사는 우리의 후손들이 지금의 우리 보고 미개인이라 부를 수도 있잖아?

또 아무리 문명이 발달한 시대라 할지라도, 사람 죽이는 무기를 잔뜩 만들어 전쟁이나 일으키고 자기네보다 약한 나라나 민족을 괴롭히는 사람들이 있다면 그 사람들이야말로 문화를 파괴하고 교양을 내팽개친 야만인 아니겠어?

하지만 원시인은 말 그대로 '맨 처음 인간', 오로지 원시 시대에만 존재하는 인간이야. 문화와 문명과 교양이 없는 시대에 사는 사람이 원시인이 아니라, 그 모든 싹을 틔운 첫 출발점에 있는 사람이 바로 원시인이란 거지.

영화 한 장면 보여 줄게.

1968년 만들어진 '스페이스 오디세이 2001'이란 공상 과학 영화의 맨 앞 장면이야. 원시인이 던진 큰 뼈다귀가 허공을 날더니 어느 순간 휘리릭 그 모습이 우주선으로 바뀌는 이 장면. 우리가 엄마 아빠로부터 생명을 이어받았듯, 현대의 모든 문명도 원시 문명으로부터 나왔다는 사실을 잘 보여 주고 있지.

　우리가 사는 한반도에도 원시 문명이 있었어. 적어도 70만 년 전부터. 그런데 왜 '5천 년 우리 역사'라 하고 '70만 년 우리 역사'라고는 안 하는 걸까? 그건 글로 쓰여진 그때의 기록이 전혀 없기 때문이야. 생활 도구, 집터 따위 유물 유적으로만 흔적이 남아 있는 원시 시대를 다른 말로 선사 시대라고 해. 역사가 생기기 이전의 시대라는 뜻이야.
　하지만 앞에서 이야기했듯이, '5천 년 우리 역사'의 백수십 배가 넘는 긴 세월을 이어 온 원시 시대가 있었기에 비로소 문명의 역사가 출발할 수 있었다는 사실을 잊어선 안 되겠지? 자, 이제 나라와 민족의 역사 이전에, 미개인도 야만인도 아닌 '맨 처음 인간', 원시인이 일구어 낸 '사람'의 역사부터 우리의 긴 역사 이야기를 시작해 보자고.

어진이가 그린 '스페이스 오딧세이 2001'

너무나 별난 동물 '사람'

15,000,000,000년 전쯤 "뻥!" 하고 큰 폭발이 일어나 생겨난 넓디넓은 우주에
 4,500,000,000년 전쯤 그 우주 안에 생겨난 지구에
 3,500,000,000년 전쯤 지구 위에 처음 태어난 생명체들 가운데
 5,000,000년 전쯤 뒤늦게 생겨난 '포유류'들 속에서
 3,500,000년 전쯤 드디어…… 마침내…… '사람'이 생겨났다는데.

호랑이처럼 날카로운 이빨도 없고 독수리처럼 날 수 있기는커녕 사슴보다 빨리 달리지도 못하고 심지어 작은 토끼보다 느려 터진 약한 동물 '사람'. 과연 먹고 먹히는 동물의 세계에서 '사람'은 살아남을 수 있을까? 다들 알다시피 그 약한 동물은 몇백만 년이 지난 오늘날까지 이렇게 살아남았어. 그 생김새도 엄청나게 변했고 말야.

물론 어느 날 갑자기 이뤄진 일은 아냐. 수백만 년에 걸쳐 '진화'를 거듭하면서 '문명'을 이루고 발전시켜 낸 결과지.

글쎄……, 왜 사람만이 진화를 거듭하고 문명을 이룰 수 있었을까?

도대체 우리들은 왜 더 이상 진화하지 않는 거야?

별난 건 또 있어. 사람의 '뇌'는 침팬지 것보다 네 배쯤 더 크고 구조도 복잡해. 그런 데다 손을 쓰면서 얻어지는 많은 정보가 뇌에 차곡차곡 쌓여 가니 사람은 점점 똑똑해져 갔지.

그리고 입! 혀를 가만히 두고 말을 해 봐. 꺽~꺽. 꼭 침팬지 소리 같지? 다른 동물과 달리 혀에 비해 입 안이 큰 '사람'은 자유로운 혀놀림으로 다양한 소리를 낼 수 있었고 그를 통해 '언어'까지 만들었지.

결국 도구를 쓸 줄 알고 대화를 통해 다양한 정보를 나눌 수 있었던 별난 동물 '사람'만이 '진화'를 거듭하고 '문명'을 이룰 수 있었단 말씀!

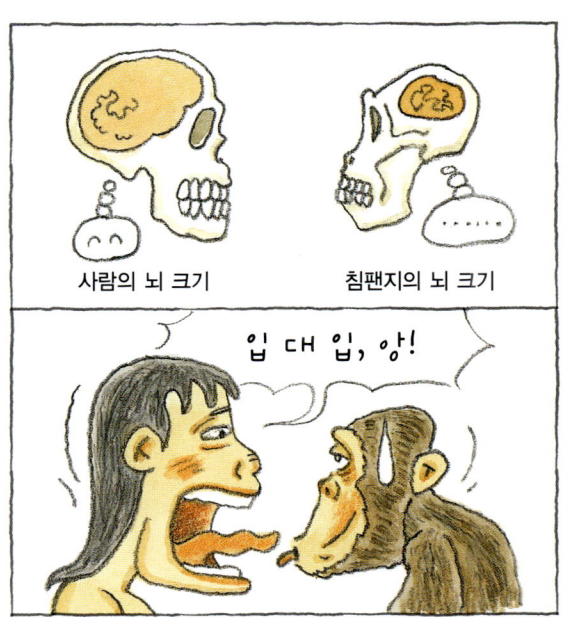

선사 시대 015

가장 힘센 동물 '사람들'

수십만 년 전, 우리 나라에는 맘모스라 불리는 큰 털코끼리가 살았고 콧잔등에 뿔이 두 개나 솟은 쌍코뿔소가 살기도 했었어. 지금은 다 사라졌지. 열대 지방에서나 사는 원숭이, 하이에나도 우리 나라에서 살았다지만 지금은 아니지. 갑자기 추워졌다가(빙하기) 더워졌다가(간빙기) 하는 날씨가 자꾸 되풀이된 탓에 이곳에서 버티고 살지를 못한 거야. 몇몇 동물들은 용케 버텨 살았지. 그 가운데 하나가 '사람들'이야. 그나마 다른 동물들보다 훨씬 형편이 나았지. 워낙 별나니까.

자연 동굴을 집으로 삼고, 돌이나 나뭇가지, 짐승 뼈 따위를 사냥 도구나 생활 도구로 썼던 사람들. 짐승 가죽으로 옷도 해 입고 불에다 고기도 구워 먹으며 30~40명씩 무리 지어 살던 사람들. 사냥감이나 과일나무들을 찾아 때론 다른 동굴로 이사도 다니며 이 땅에서 60만 년 이상 버텨 온 이 '사람들'을 우린 '구석기 시대' 사람들이라고 불러.

왜 '구석기 시대'일까?

구석기란 '뗀석기'를 두고 하는 말이야. 떼어 낸 돌조각을 그대로 썼다 해서 붙여진 이름이지. 쓰임새에 맞게 갈고 다듬은 건 '간석기'. 간석기는 사람들이 수십만 년 동안이나 뗀석기를 쓰고 난 뒤에야 그 모습을 드러냈기에, 새로운 석기라 하여 신석기라고 하지. 이렇듯 그 시대에 어떤 석기를 썼느냐를 따져서 '구석기' 또는 '신석기' 시대라고 나누어 부르는 거야.

뗀석기 만드는 방법 네 가지

① 모루떼기

큰 돌에 작은 돌을 부딪친다.

② 직접떼기

돌끼리 부딪친다.

③ 간접떼기

뼈나 돌을 이용한다.

④ 눌러떼기

파듯이 눌러 뗀다.

뗀석기의 종류

찍개
가장 널리 쓰인 도구. 사냥과 채집용.

긁개
잔손질로 날을 세운 도구. 칼처럼 쓰인다.

주먹도끼
구석기 시대의 만능 도구. 날이 여러 곳에 있다.

우리 나라 구석기인들은 어디에서 왔을까?

■ 구석기 시대 유적이 발견된 곳

가장 오래 된 '사람'의 화석은 아프리카에서 발견됐지. 그래서 많은 학자들은 '사람'이 처음 생겨난 곳으로 아프리카를 꼽고 있어. 위 지도에서처럼 그곳에서부터 유럽, 동아시아로 오랜 세월을 두고 사람이 퍼져 나갔다는 거지. 그렇다면 70만 년 전, 우리 나라 이곳 저곳에 흩어져 살던 구석기 시대 사람들은 아마 시베리아와 몽고의 벌판을 거쳐 왔을 거야. 기원전 15,000 년쯤에는 극지방을 거쳐 아메리카 대륙에까지 사람들이 건너갔다니, 구석기 시대 끝 무렵에 가서야 드디어 수백만 년에 걸친 인류의 대이동이 끝이 난 셈이지. 아 참, 그 옛날 지구의 모습은 위에 그린 지도와는 많이 달랐다고 해. 지금은 바다로 막혀 있는 땅길들이 연결되어 있기도 했지.

거대한 맹수들도 '사람들'을 보면 도망쳤다

선사 시대

많은 식량을 한꺼번에 얻을 수 있는 커다란 맹수 사냥은 매우 드문 일이었을 테고 대부분 노루나 토끼 같은 작은 동물을 사냥했겠지만 그마저도 쉽지는 않았을 거야. 더구나 여자와 어린이들은 위험이 따르는 사냥에 나설 수도 없었으니……. 사냥을 못 하면 그냥 굶어야 했을까?

여자와 아이들은 그냥 놀고먹었을까?

옷을 입고 더 강해진 '사람들'

손에 도구를 들고 불을 생활에 이용하며 구석기 시대를 주름잡던 사람들은 또 옷까지 지어 입었어. 그때나 지금이나 옷을 지어 입는 동물은 오로지 사람들뿐이야. 옷은 추위나 더위를 막아 주고 상처 나기 쉬운 약한 피부를 감싸 주기도 해. 요즘은 옷도 여러 종류고 옷감도 여러 가지지만 구석기 시대는 딱 가죽 옷 한 가지였어. 사람들은 그걸로 생식기부터 가렸지. 왜 그랬을까? 부끄러워서? "절대로 아닙니다."

생식기가 아주 소중한 반면 아주 약한 곳이어서 제일로 귀하게 여겨 감싸고 보호했던 거야!

"부끄러운 건 생식기가 아니다……."

'사람들'의 역사를 1년으로 치면 이제 363일이 지났어!

구석기 시대부터 오늘에 이르기까지 적어도 70만 년이 넘는 세월이 흘렀어. 그 세월을 1년으로 좁혀 계산하면 하루가 거의 2,000년인 셈이야. 신석기 시대는 하루 반나절의 시간이고 고대사부터 현대까지가 또 하루 반나절. 나머진 몽땅 구석기 시대. 왜 그리 구석기 시대는 길~어야 했을까? 먼저 자연 환경이 좋질 못했지. 지금처럼 사계절이 뚜렷하지도 않았으니까. 그리고 뭐든지 맨 처음이 힘들잖아? 무얼 먹고 무얼 입어야 하는지, 그러기 위해서 도구는 어떻게 만들어 써야 하는지, 또 살림터는 어디가 적당할지 모든 걸 하나하나 생각하고 실험해 보며 처음으로 갖춰 나가는 데 수십만 년이 필요했던 거야.

동굴 벽화는 어떻게 그려졌을까?

어진이가 가장 궁금한 것!

우리 나라에서 구석기 시대의 동굴 벽화는 아직 발견되지 않았어. 하지만 같은 시기에 다른 대륙에서 그려진 동굴 벽화를 보며 미루어 짐작컨대, 구석기 시대의 사람들은 '그림'을 자기네들 생활 가까이에 두고 살았던 게 틀림없어. 사냥감이나 사냥 장면을 그린 게 대부분인데 너무도 생생해서 손에 잡힐 듯하지. 자기네들이 그린 그림 앞에서 사냥의 성공을 빌기도 했을 테고, 때로는 그림을 보며 사냥 전술을 짜기도 했겠지. 물감 대신 흙이나 짐승 피, 숯가루 따위를 썼고, 붓 대신 손바닥이나 짐승 털, 가죽 쪼가리로 그려진 동굴 벽화. 수만 년 전 사람들의 더운 숨결과 마음을 지금 우리에게 고스란히 전해 주고 있지.

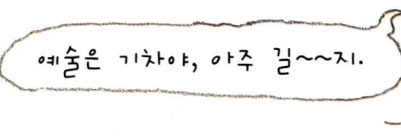

예술은 기차야, 아주 길~~지.

이런 걸 보고 우리는 '예술'이라고 해.

고맙습니다, 불씨님! 고맙습니다, 볍씨님!

무섭게 몰아치던 눈보라가 그치고 따뜻한 햇볕과 촉촉한 빗물이 이 땅에 다시 찾아왔어. 들과 산에는 풀과 나무가 새로 자라고, 훨씬 불어난 바닷물과 강물에는 물고기들이 넘쳐 났지. 지금으로부터 10,000년 전, 마지막 빙하기가 끝이 난 거야. 동굴 속에서 움츠려 살던 '사람들'도 슬슬 활기를 되찾았어. 풍성한 먹을거리를 찾아 사람들은 점점 강가로 내려오기 시작했지. 예전 보금자리였던 산속 동굴은 다른 동물들에게 넘겨 주고 사람들은 이제 강가에 움집을 짓고 살았어. 아무리 잡아도 물고기는 넘쳐 났고 들판은 식물들로 빼곡하니, 먹을 것을 찾아 이사 다닐 필요도 없어졌어. 이처럼 자연 환경과 생활 환경이 나아지자 사람들은 몰라보게 달라졌어. 생김새는 지금 우리 모습과 조금도 다를 게 없이 갖추어졌고, 이제 그들의 손에는 뗀석기 대신에 갈고 다듬어서 만든 '간석기'가 들려져 있었지. 뿐만 아니라 동굴 생활에서는 볼 수 없었던 새로운 도구들이 속속 발명되기 시작했어. 바야흐로 신석기 시대가 시작된 거야.

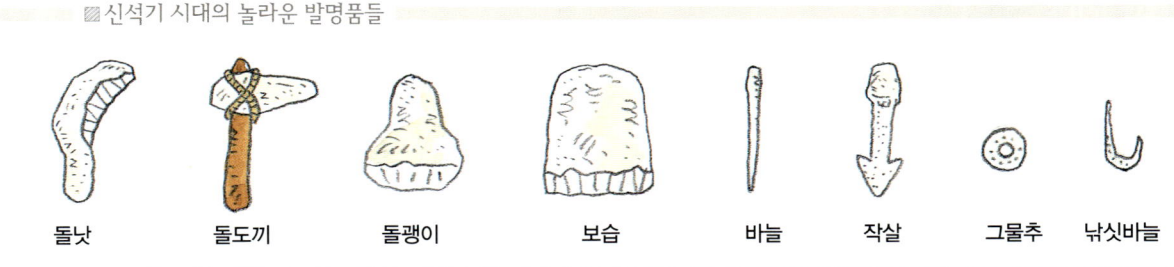

■신석기 시대의 놀라운 발명품들

돌낫 돌도끼 돌괭이 보습 바늘 작살 그물추 낚싯바늘

또 하나의 놀라운 발명품 토기를 소개합니다

흙으로 모양을 빚어 불에 구워 낸 그릇을 토기라고 해. 역사학자들은 이 토기를 신석기 시대 최고의 발명품으로 꼽고 있어. 왜냐고?
이 발명품이 발전하면서 사람들의 생활의 질이 확 높아졌기 때문이지. 먼저 다양한 요리가 가능해졌어. 예전엔 구워 먹는 게 고작이었으나 이젠 모든 음식 재료를 물과 함께 끓여 먹을 수 있게 된 거야. 또 곡식이나 음식 재료들을 나누어 보관하고 저장하기도 편리해졌지. 단단하면서도 가볍고 썩지도 않으며 만들기도 쉽고 다양한 형태와 무늬로 멋까지 낼 수 있었으니, 토기야말로 이 시대의 최첨단 생활 용품이었단 말이지.

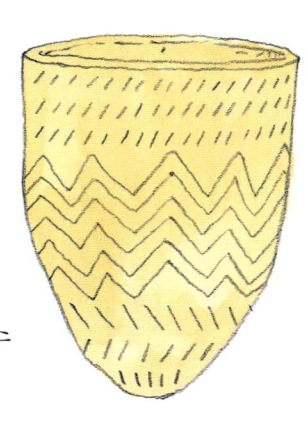

우리 마을에 오신 걸 환영합니다!

기원전 5000년, 지금으로 치자면 서울 암사동에 있는 신석기 시대 마을.
같이 한번 둘러볼래?

농사짓기, 하늘 아래 으뜸가는 것!

좋아하는 노래나 만화 영화는 늘 새로운 걸로 바뀌지. 자라면서 입맛도 변해.

그러나 날마다 먹어도 질리지 않는 게 있어. 질리기는커녕 하루라도 안 먹으면 무척 괴롭지. 뭐냐고? 바로 '밥'이야. 쌀 또는 다른 곡물에 물을 붓고 끓여 내는 '밥'. 옛날부터 먹어 왔고 미래에도 먹을 '밥'. 이 '밥'이 처음 생겨난 때가 언제냐~ 하면……. 눈치 챘다고? 그래, 신석기 시대야. 우리의 조상들은 이때부터 농사를 짓기 시작했어. 괭이로 밭을 갈아 피, 귀리, 좁쌀, 콩, 쌀 따위를 키워 냈고, 낫으로 베어다가 알곡을 털어 토기에 넣고 끓여 '밥'을 지어 먹는 세상이 된 거야.

이를 두고 농업 혁명이라 하는데, 농사짓기의 성공이 세상을 확 뒤집어 놓았다는 의미로 쓰는 말이야.

이 세상을 만드신 농부님들

신석기 시대에 이르러 사람들의 수가 엄청 늘어나기 시작했어. 농사를 통해 더 많은 식량을 보탤 수 있게 된 때문이지.

더구나 농사를 짓게 되면서부터 사람들은 한 곳에서 오래 머물러 살 수 있게 됐어. 살기 편해진 만큼 아이들은 더욱 잘 자랐고 모두의 수명도 길어졌지. 요즘 지구상엔 약 70억 인구가 살고 있다고 해. 만약 신석기 시대에 농사짓기가 생겨나지 않았다면 이 수많은 사람들이 무얼 먹고 살고 있을까? 사냥한 동물들? 나무 열매? 어휴! 며칠 안 가 이 지구는 완전 폐허가 돼 버릴 거야. 끔찍해. 농사가 없었다면 지금의 70억 인류뿐 아니라 그 어떤 문명도 생겨나지 못했을 거야.

신석기 시대의 농부님들이야말로 그 어떤 위대한 과학자, 정치가, 예술가들에 앞서 이 땅의 문명을 일궈 낸 분들이란 사실, 더불어 소중한 이 일을 이어가고 있는 이 시대의 농부님들 또한 얼마나 고마운 분이신가 하는 사실, 꼭 꼭 기억해.

추위와 어두움과 배고픔을 물리쳐 주고 인류의 생존과 문명을 가능케 해 준 신석기 시대의 두 씨. 김 씨도 박 씨도 이 씨도 아닌 불씨와 볍씨. 자 이쯤에서 인사 한 말씀 올리자고요. "고맙습니다, 불씨님! 고맙습니다, 볍씨님!"

우리 모두는 신석기 시대의 아들, 딸이다

'민족 대이동'이란 말 들어 봤니? 설날이나 추석 같은 명절날, 고향을 찾아가는 거대한 행렬을 빗대어 신문이나 방송에서 하는 말이야. 부모님 고향이 시골인 친구들은 아마 이 지루한 여행을 경험해 봤을 거야. 오랜 시간 힘들게 찾아가는 그곳엔 누가, 무엇이 기다리고 있을까?

푸근히 맞아 주시는 할머니 할아버지. 또는 그 분들의 산소, 일가 친척들, 기름진 음식 떠들썩한 잔치……, 마치 말야, 멀리 사냥 갔다 돌아온 젊은 '씨족'들을 맞아 흥겨운 놀이판이 벌어진 신석기 시대 어느 마을처럼, 우리가 찾아간 고향집도 그렇게 달아오르곤 해.

신석기 시대에 시작한 농사짓기는 수많은 시대를 거쳐 최근에 이르기까지 줄곧 나라·살림의 중심이 되어 왔어. 사람들이 농촌을 떠나 도시로 몰려들기 시작한 건 불과 30여 년 전인 1970년대부터야. 그때까지만 하더라도 우리 나라 산골엔 들을 태워 밭을 만드는 신석기 시대 농사법이 남아 있었어. 또 대부분의 농촌 마을엔 마치 씨족 사회처럼 대대로 같은 성씨끼리 모여 사는 경우가 흔했지.

요즘 농촌의 인구는 줄어들고 도시에만 사람이 많아지고 있어. 하지만 어느 나라건 농사를 짓지 못하면 그 결과는 불 보듯 뻔해. 굶주려 퀭한 눈망울을 한 다른 나라 아이의 얼굴을 텔레비전 뉴스에서 한 번쯤은 봤지? 신석기 시대 이래 농사를 지은 덕으로 지구상에 사람이 늘어났듯이 그 사람들이 살아가기 위해 농사는 앞으로도 영원히 소중한 거야. 도시에 사는 어린이건 농촌 사는 어린이건 간에 농사를 걱정하고 관심 갖는 어린이가 더욱 더욱 많아졌으면 좋겠어.

마침내 역사 시대가 시작하려 해!

사람답게 살기 위한 준비가 이제 다 갖추어졌어.

이미 여러 씨족이 모여 부족을 이룬 곳도 생겨났어. 이제 곧 부족들이 모여 나라를 세울 테고, 나라 안에 도시가 만들어지고, 왕과 귀족, 노예 같은 신분의 차이도, 그리고 이 모든 걸 기록할 문자도 생겨날 거야. 이렇게 시작된 역사가 21세기에 이르기까지 많은 일들이 일어났지. 때로는 눈부신 발전을, 때로는 참혹한 전쟁을 시대마다 되풀이해 겪기도 했지만 그 의미는 다 달랐어. 그 의미들을 깨치고 앞일을 생각하는 게 바로 역사를 알아 가는 것 아니겠니? 다시 말하지만 역사는 외우는 게 다가 아냐. 느끼고 생각하는 게 더 중요하다고 봐.

> 자, 신석기 시대의 아들 딸들아, 큰 숨 한번 들이쉬고 역사 시대로 넘어가는 거야!

❓ 역사 시대와 선사 시대 : 문자로 쓰여진 기록이나 문헌 따위가 있는 시대를 역사 시대라고 해. 석기 시대나 청동기 시대 초기에는 글자가 없었거든. 그러니 당시를 기록하고 있는 문헌을 찾을 수 없지. 이런 시대를 선사 시대라고 한다는 것 알고 있지?

5천 년 전 그 때 이미 모든 것이 시작됐다

고조선 시대

단군 신화에 대해서는 모두 잘 알 거야. 우리 역사에서 맨 처음 세워진 나라가 고조선이라는 것도 잘 알 테고.
고조선은 청동기 문화를 바탕으로 세워졌어. 그 후 철기 문화를 발달시키면서 우리 역사의 첫 장을 열었지. '널리 사람을 이롭게 한다.'는 정신은 5,000년 동안 우리 역사가 발전하는 데 큰 힘이 되어 왔고…….
그런데 그거 알아? 왜 나라가 생겼을까? 나라가 있기 전에는 사람들의 생활이 지금과 어떻게 달랐을까?
궁금하다면 따라와 봐.

5천 년 전 그때 이미 모든 것이 시작됐다

권력

사람들을 다스리는 힘.
많은 사람이 복종하고 두려워하는 힘.
좋게 쓰이기도 하지만 나쁘게 쓰일 때도 많은,
앞으로도 영원히 사라지지 않을 그런 힘, 권력.
바로 그 권력이란 게 역사 시대 맨 첫머리에 짠~ 하고 나타났어.
그 모습을 지금 우리도 볼 수 있는데 그게 바로 '고인돌'이야.

나라가 막 세워지려 할 무렵부터 고조선이 끝나 갈 무렵까지 고인돌은 한반도에서 유행한 대표적인 무덤이었어. 한강을 두고 북쪽 지역은 탁자식, 남쪽은 바둑판식이라 하여 모습은 조금 달랐지만 무덤 크기는 권력 크기에 따라 정해졌지.
위에 예를 든 강화도 고인돌은 돌의 무게로 보아 힘 센 남자 500명이 달려들어야 겨우 움직일 수 있을 정도야. 이 거대한 무덤은 어디서나 잘 보였고 그걸 본 백성들은 기가 죽을 수밖에 없었지. 역사 시대는 이렇게 시작됐어.

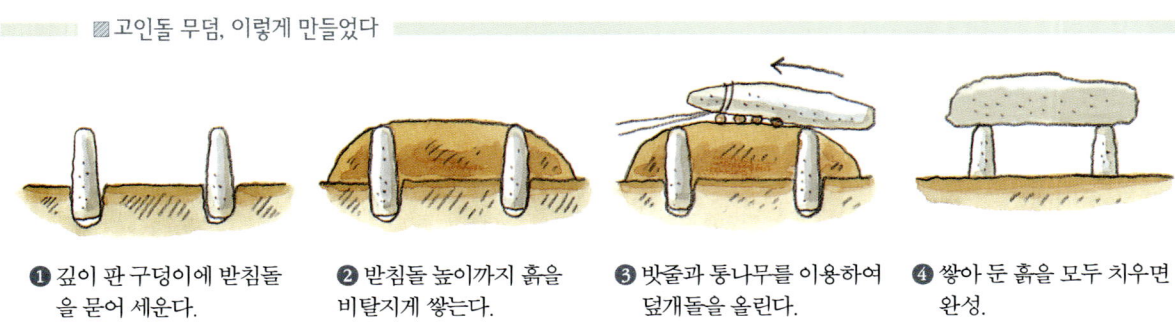

고인돌 무덤, 이렇게 만들었다

❶ 깊이 판 구덩이에 받침돌을 묻어 세운다.
❷ 받침돌 높이까지 흙을 비탈지게 쌓는다.
❸ 밧줄과 통나무를 이용하여 덮개돌을 올린다.
❹ 쌓아 둔 흙을 모두 치우면 완성.

전쟁과 무기

어때? 둘 다 너희들 흥미를 끄는 거 아냐?

전쟁은 장난이 아니다

역사 시대는 전쟁과 더불어 시작했어. 부족의 인구가 늘어나 농사지을 땅이 더 필요해 그랬는지, 아니면 다른 부족을 정복해 노예로 삼으려는 욕심 때문인지, 사람들의 활동 공간이 넓어져 낯선 부족들끼리 마주치다 보니 서로가 서로를 불안하게 생각해 그랬는지, 이런저런 까닭이 다 겹쳐져 그랬는지, 어쨌든 사람끼리 죽고 죽이는 전쟁이 시작된 거야. 그리고 이렇게 시작된 전쟁과 그 준비는 지금 이 순간까지 수천 년 역사 시대 동안 단 1초도 멈추지 않고 있어. 단 1초도. 오죽하면 아무 거리낌 없이 전쟁이 놀잇감이 되어 번지고 있을까!!

청동기에서 철기로, 끝이 없는 무기 개발

선사 시대 석기에 비하면 청동기나 철기는 그 성능이 아주 빼어났지. 돌로 만든 도구나 무기보다 훨씬 예리하고 단단한 물건을 만들 수 있었어. 특히 삽이나 괭이 같은 농기구는 지금까지 그 모습이 크게 바뀌지 않았어. 그러나 청동이나 철은 주로 무기 제작에 더 많이 쓰여졌어. 가축을 기르고 농사 기술이 발달하여 식량이 풍부해지자 사냥은 점점 줄어들었지. 대신에 부족이나 나라끼리 정복 전쟁이 시작되면서 짐승을 잡던 사냥 도구는 사람 잡는 무기가 돼 버린 거야. 부족과 나라를 지배하던 권력자들은 생활 도구보다 무기 개발에 더 열을 올릴 수밖에 없었어. 발달한 청동기 문화를 내세워 막을 올렸던 고조선의 역사는 훗날 더 발달한 철기 문화에 의해 그 막을 내리게 돼.

▨ 청동검 만드는 방법

 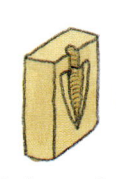 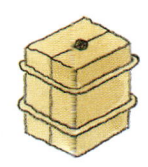  

❶ 구리, 아연, 주석 등을 녹인다. ❷ 흙으로 만든 거푸집에 칼 모양을 새겨 판다. ❸ 거푸집을 끈으로 묶어 고정시킨다. ❹ 거푸집에 구리 녹인 물을 부어 넣는다. ❺ 구리물이 식어 굳었을 때 거푸집을 떼 내면 완성.

만약, 역사 시대를 열었던 인류의 조상들이 전쟁을 시작하지 않았더라면 지금 세상은 좀 더 평화롭지 않았을까?

우리 속담에 '잘되면 내 덕, 못되면 조상 탓'이란 말이 있어. 역사 시대 들머리에 일어난 전쟁은 어느 정도 피할 수 없는 일이기도 했어. 새로운 문명과 발달된 문화가 두루 퍼져 나가는 데 전쟁이 한몫 했다는 거지. 하지만 시대가 지날수록 전쟁은 문화와 문명을 파괴하는 노릇만 했을 뿐이야. 지금은…… 지구 전체를 쑥밭으로 만들 핵폭탄을 안고 사는 세상이야. 아마 하늘에서 내려다보는 조상님이 한 말씀 하고 계실지도 몰라. "제발 너희나 잘해!!"

이 즈음 세계는?

어진이가 가장 궁금한 것!

비슷한 시기에 다른 대륙에도 문명이 열리고 나라가 세워졌어. 약속이나 한 듯 백성들을 다스리는 권력자들은 거대한 무덤을 만들어 자기 힘을 뽐냈지.

이집트의 피라미드가 대표적인 경우야. 20년 넘게 10만 명쯤의 백성들이 피땀을 쏟아 부어 만든 무덤이야. 수십 명의 노예까지 산 채로 같이 묻었던 이 파라오의 무덤에 비하면, 이 땅의 고인돌은 오히려 소박하다고 할 수 있겠어.

부자와 가난한 사람

그러나 청동기 시대로 넘어오면 사정이 달라져. 농사 기술도 훨씬 발달하고 집짐승 기르기도 엄청 발전을 해. 예전엔 닭이나 돼지, 개 정도를 길렀지만 이젠 소나 말까지 기를 수 있게 됐어. 더구나 소와 말을 길들여서 짐도 나르고 쟁기질까지 시킬 수 있다 보니 사람 힘을 덜 들이고도 더 많은 땅에 농사를 지을 수 있게 됐지. 자, 그러하다 보니…… 어떻게 됐을까?

따로 챙기던 이것들이 무엇이냐 하면 바로 '나머지'야! 사는 데 필요한 만큼 먹고 입고 쓰고 남은 것들 말이야. '나머지'를 많이 챙긴 사람들은 몸소 일하지 않고도 먹고살 수 있게 됐어. 먹을 게 모자라거나 땅이 없는 사람들에게 자기 것을 조금 떼어 주고 자기 일을 대신 시키는 거지. 또 무기를 만드는 기술자나 쌈 잘하는 군사들을 먹여 살리며 자신에게만 복종토록 할 수도 있었어. '나머지'를 많이 가진 부자가 결국 권력까지 만들어 낸 거라고.

부자들이 자신의 권력을 지키거나 더 키우려면 더 많은 '나머지'가 필요했어. 그 '나머지'는 전쟁을 벌여 다른 부자를 이기면 됐지. 지면 죽거나 노예가 되기도 했지만 이겼을 땐 엄청난 '나머지'와 넓은 땅, 많은 군사, 백성을 거느린 '지배자'가 될 수 있었어. 이 지배자와 함께 많은 사람이 직업을 달리 하며 계급을 정하고 모여 사는 사회가 맨 처음 세워진 '나라'의 모습이야.

우리 나라, 다른 나라, 다 이렇게 시작했어.

해 뜨는 아침의 나라

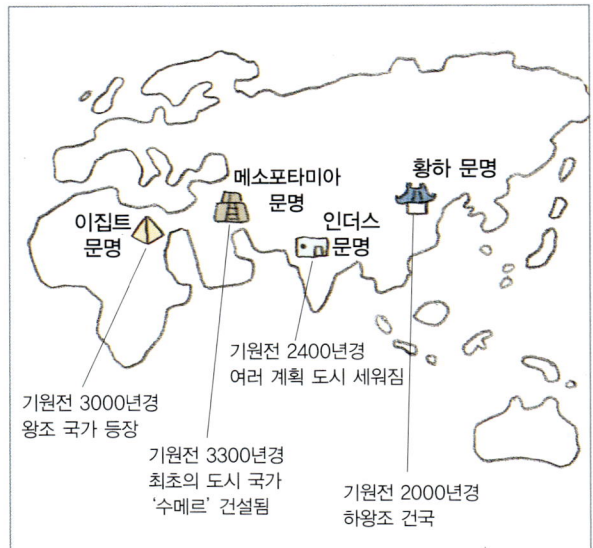

- 기원전 3000년경 왕조 국가 등장
- 기원전 2400년경 여러 계획 도시 세워짐
- 기원전 3300년경 최초의 도시 국가 '수메르' 건설됨
- 기원전 2000년경 하왕조 건국

신화 속의 고조선 ★기원전 2333년★
'신화'란 전해 내려오는 역사에 민족의 바람을 담아 지어 낸 이야기야. 따라서 '단군 신화'에 나오는 대로, 고조선이 세워졌다는 기원전 2333년이란 연도를 그대로 믿을 순 없어. 하지만 석기 시대 때부터 우리 민족이 오랫동안 이 땅을 지켜 왔다는 것은 분명한 사실이지.

- 기원전 776년경 제1회 고대 올림픽 열림
- 기원전 552년경 공자 탄생
- 기원전 330년경 알렉산더 대제국 건설
- 기원전 563년경 석가모니 탄생

청동기 시대의 고조선 ★기원전 1200~기원전 195년★
세상은 복잡해졌어. 많은 나라들이 생겨났고 벌써 철기를 쓰는 곳도 있었어. 기원전 770년경부터 500여 년에 걸쳐 중국은 기나긴 전쟁의 시대(춘추 전국 시대)를 겪어 냈고 기원전 330년경 그리스의 알렉산더 대왕은 이집트에서 페르시아를 아우르는 대제국을 세우기도 했지. 철기 문화는 기원전 3~4세기 무렵 전 세계로 퍼졌고, 고조선에까지 들어오긴 했지만 그리 널리 쓰이지는 않았어.

지금 너희들이 알고 있는 나라들을 손가락 꼽아 가며 말해 봐. 한 10개쯤 꼽았니? 20개? 혹시 30개쯤 꼽았다면 우와~ 엄청 많이 아는 거야. 그런데 지금 온 세계에 몇 개 나라가 있는지 아니? 무려 300개 가까운 나라들이 있어. 그 가운데는 생겨난 지 겨우 몇십 년, 몇백 년 된 나라도 있고 우리처럼 수천 년 역사를 자랑하는 나라도 있지. 이토록 오랜 역사를 가진 나라는 아주 드물어.

고조선 앞에 '고'자는 훗날 붙여졌어. 옛 조선이란 뜻이지. 고려 다음 세워진 조선과 헷갈리지 않으려고 요즘도 이렇게 불러. 조선은 신선한 아침이란 뜻이야. 사람들은 해가 떠오르는 동쪽을 살기 좋은 곳이라 여겼지. 기원전 1200년경 한반도에서는 본격적인 쌀농사가 이루어졌어. 고유한 청동기 문화도 생겨났고 시베리아를 거쳐 발달한 청동기 문화가 들어오기도 했지.

철기 시대의 고조선 ★기원전 194~기원전 108★
최초로 중국을 통일한 진나라는 백성들에게 인심을 잃고 20년도 안 돼 망하고 말았어. 뒤를 이어 한나라가 들어섰지. 이때 중국 땅으로부터 많은 피난민들이 한반도로 돌려들었어. 이런 혼란한 시기에 '위만'이란 사람이 고조선의 준왕을 몰아내고 새 왕이 됐어. 기원전 194년의 일이야. 준왕은 남쪽으로 내려가 진국을 세웠어. 이로써 한반도에 철기 문화가 쫙 퍼져 나가게 됐지. 저 멀리 유럽 쪽에선 로마가 슬슬 사방으로 세력을 불리고 있던 때야.

청동기 문화가 약해지고 한반도에 철기 문화가 두루 퍼져 나간 건 기원전 2세기 무렵. 이때 고조선엔 큰 변화가 있었어. 나라의 중심지가 요하 근방에서 평양으로 옮겨진 거야. 나라를 맞대고 있는 중국과 세력 다툼에서 조금 밀린 거지. 쇠로 된 무기가 중국보다 뒤떨어졌던 탓이야. 이를 계기로 고조선은 부지런히 철기를 만들어 쓰게 됐지. 무기뿐 아니라 많은 농기구나 생활 도구도 만들어 썼어. 그러나 다른 나라에 비하면 조금 늦게 철기를 쓴 편이지. 그런데 지금처럼 텔레비전이나 신문을 통해 지구촌 소식이 그날 그날 널리 알려지는 때였다면 사람들은 한반도에 살던 우리 민족을 부러워했을걸? 그 무렵 천년의 세월 동안 고조선 밖의 세계는 전쟁이 끊이질 않았거든.

세상의 동쪽 끝, '해 뜨는 아침의 나라', 조선은 그래도 평온한 편이었어.

우리 나라 철기 시대 유적지

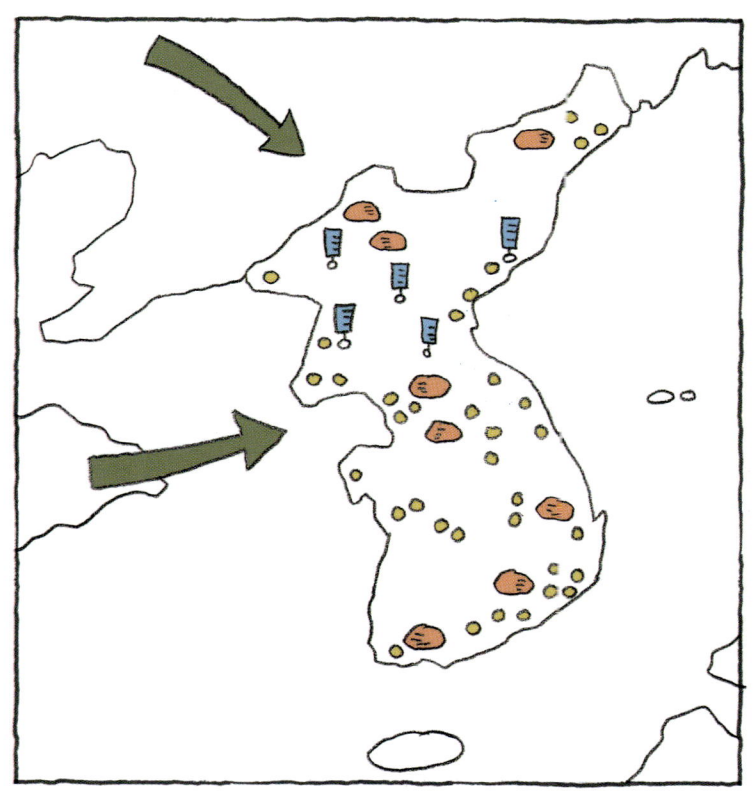

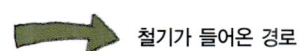 철기가 들어온 경로

철을 캐어 쌓아 놓은 흔적이 남은 곳

중국에서 만든 철 화폐가 발견된 곳

철기 문화 유적지

고조선 시대 031

**고조선, 그곳에 가면 군자들만 살고
불로초가 있다 하던데……**

군자란 머리 좋고 성격 좋고 행동도 늘 올바른 훌륭한 사람을 가리키는 말이고, 불로초는 먹기만 하면 늙지도 않고 오래오래 살 수 있다는 신비한 약초를 말하는 거야. 조선 사람이 다 군자일 리도 없고 불로초란 건 아예 있을 수 없는 노릇인데 고대 중국의 역사책에는 왜 이런 기록이 남아 있을까? 아마 중국의 중심과 한반도가 멀리 떨어져 있다 보니 잘 몰라서일 수도 있고, 500년 내내 전쟁으로 시달리던 옛 중국에 비해 옛 조선은 그만큼 평온했다는 증거일 수도 있어. 하지만 전쟁 통에 중국은 철기 문화를 엄청 발달시켰고 일찌감치 글자도 만들어 썼거든. 고조선의 지배자들은 이런 앞선 문물을 받아들인 뒤 나름대로 법을 만들고 제도를 갖추어 나라를 다스렸어.

고조선, 그곳에 법이 있더라

고조선에도 나라를 다스리는 법이 있었어. 모두 8개 조항이라는데 지금 그 가운데 3개만 기록으로 남아 있지. 이나마를 가지고도 고조선 사회의 여러 모습을 미루어 짐작할 수 있단다.

1. 사람을 죽이면 바로 사형에 처한다.

예나 지금이나 생명을 귀하게 여겼다는 사실, 그리고 마치 요즘의 경찰처럼 죄인들을 잡아가두고 벌줄 수 있는 그런 힘이 고조선 사회에 이미 짜여져 있었다는 사실을 알 수 있지.

2. 남을 다치게 하면 벌로 곡식을 내놓게 한다.

벌금을 돈이 아닌 곡식으로 냈다는 건 그때 모든 사람들의 살림살이가 농업을 중심으로 이루어지고 있었다는 말이겠지.

3. 도둑질을 하면 도둑 맞은 집에 가서 노예로 살거나 돈 50만 전을 내놔야 한다.

죄를 무릅쓰고 도둑질을 하는 건 가난해서일 테고, 집에 도둑 맞을 게 많고 그 집 살림에 노예를 필요로 한다는 건 그만큼 부자란 뜻일 거야. 고조선 사회에 이미 빈부의 차이, 그리고 주인과 노예 같은 계급의 차이가 있었다는 사실을 알 수 있지. 또 어떤 형태로든지 돈이란 게 있었다는 사실도 알 수 있어.

고조선, 나라는 사라져도 겨레는 남는다

진시황을 몰아내고 중국을 통일한 한나라는 '조선'이란 나라가 점점 거슬렸어. 중국에 있는 수많은 성 가운데 하나쯤으로 여기고 싶었지만 '조선'은 전혀 굽실거리질 않았지. 선사 시대부터 수만 년 동안 멀리 떨어져 살면서 말과 문화를 달리하고 저마다 따로 나라를 세웠으니 그저 사이좋게 지내면 좋으련만, 그게 참 쉽지가 않은가 봐. 왜 그러지?

수만 년 동안 지켜 왔던 한반도의 평화가 다른 세력에 의해 처음으로 깨졌어. 우리 선조들은 말과 문화를 같이 하는 한 겨레가 참으로 소중하다는 걸 알게 됐지. 전쟁이라는 너무 비싼 대가를 치러야 했다는 게 안타깝지만 말이야. 많은 백성들이 북으로 남으로 새 삶을 찾아 떠났고 이어 새로운 나라들이 이 땅에 세워지게 되지. 이제부터 우리 겨레의 역사를 향한 숨가쁜 달음박질은 점점 더 빨라질 거야. 자, 마지막으로 우리 '단군 신화' 안에 어떠한 뜻이 숨겨져 있는지 차근차근 알아보고 고조선 이야기를 끝내자.

신화 속에 숨겨진 비밀들

이렇게 생긴…… 사람? 말? 신화에 나오는 켄타우루스란 이 친구를 많이들 알겠지만 실제 있었다고 믿진 않지? 이 100일 동안 쑥과 마늘을 먹고 사람이 되었다는 이야기 역시 황당하지? 이런 건 어때? 한테 잡아먹힐 뻔한 오누이가 하늘로 올라가 와 이 된 이야기. 반지를 둘러싸고 마법사와 요정, 온갖 괴물들이 벌이는 흥미진진한 모험담, 다들 꾸며 낸 이야기지만 어쩜 그리 재미있는지 몰라.

켄타우루스나 곰 이야기는 '신화'라 하고 반지 이야기처럼 지은이가 상상력으로 풀어 쓴 이야기를 우리는 '소설'이라고 해. 호랑이와 오누이 이야기처럼 지은이가 따로 없이 옛부터 입에서 입으로 전해져 온 이야기는 '민담' 또는 '설화'라고 하지.

흔히 '옛날 옛적 어느 마을에……'라는 식으로, 민담 또는 설화에는 시대나 장소가 두루뭉술한 경우가 많아. 하지만 신화는 시대나 장소, 등장 인물들이 마치 사실처럼 그려져 있어. 더구나 소설보다 더 황당한 이야기임에도 불구하고 실제 일어난 일처럼 역사책에 기록되어 있으니 이건 도대체 어찌 된 일일까? 그럼 신화는 모두가 꾸며 낸 이야기? 절대 그렇진 않지. 문자가 생기기 전부터 사람들은 입에서 입으로 자기 조상들의 실제 이야기를 전해 왔을 테니까. 물론 자기네 조상을 거룩히 여기고 자랑스럽고 고맙게 여기는 맘도 담았을 테지만. 때문에 모두가 허황하고 꾸며 낸 이야기 같아 보이더라도 신화에는 많은 역사적 사실이 숨겨져 있어. 이들 중 나라가 세워진 배경을 전해 주는 것을 '건국 신화'라고 하는데, 여기에는 당시 조상들의 생각이 고스란히 담겨 있지. 나라에 대한 생각, 민족에 대한 생각, 사람들이 모여 사는 사회에 대한 생각들 말이야.

자, 우리의 단군 신화에는 어떤 역사적 사실이 숨겨져 있을까?

또 우리 조상님들은 이 세상을 어떻게 생각했을까?

우리의 신화 속으로 출발!

신의 아들이 세운 우리 나라

1. 하느님의 아들 환웅은 하늘 아래 세상이 참 좋아 보였대.

2. 하느님은 세상을 굽어본 다음 태백산 언저리를 콕 찍으셨대. 널리 사람들을 돕기에 가장 좋은 곳이라 여기신 거야.

3. 환웅을 따르는 무리 3,000명도 함께 내려왔어. 다 같이 하늘에 제사를 올리고 나서 환웅은 세상을 다스리기 시작했지.

4. 어느 날 곰과 호랑이가 환웅을 찾아와 사람이 되게 해 달라고 빌었어. 환웅이 방법을 일러 줬으나 호랑이는 실패했고 곰만 성공했대.

5. 환웅은 여자가 된 곰과 결혼하기로 했어. 참을성 많고 꿈도 많은 곰 여인에게 반했나 봐.

6. 단군왕검은 자라서 평양성에 들어가 나라를 세우고 이름을 "조선"이라 했어. 1,500년 동안이나 나라를 다스렸대.

  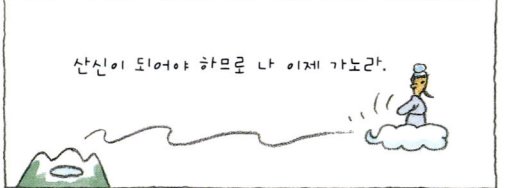

우리 나라의 시조, 단군 할아버지는 1,908세까지 사시다 가셨대. 어디로? 하늘나라로.

단군 신화를 읽자

단군 신화, 다들 여러 번 들어서 잘 알고 있는 이야기일 거야. 조금 황당하기도 하지만, 뭐 어때? 세계 어느 나라 건국 신화이건 황당하지 않은 게 없어. 로마를 세운 로물루스와 레무스 쌍둥이 형제는 전쟁의 신 '마르스'의 아들이래. 태어나자마자 숲 속에 버려져 늑대 젖을 먹고 자랐다나? 그래서 그런지 싸움 실력이 뛰어나서 전쟁을 잘하고 항상 이기기만 해. 이를 보고 우리는 '아! 로마란 나라가 세워질 때 많은 전쟁이 있었고 로마는 그 전쟁에 이긴 사람이 세운 나라로구나' 하는 사실을 알아낼 수 있지. 이에 비하면 고조선의 건국 신화인 단군 신화는 아주 평화롭고 마치 동화를 보듯 아기자기하기까지 해. 자, 우리는 단군신화 속에서 고조선에 대해 어떤 사실들을 알아낼 수 있을까?

1 하늘의 뜻으로 세워진 나라

세계 어느 나라의 신화를 보더라도 나라를 처음 세운 분들은 모두 신의 아들이거나 신이야. 한마디로 '나라는 아무나 다스리나?'이지.

백성들과 달리 나라를 다스리는 사람은 매우 특별하다는 걸 나타내고 싶은 거야.

또 이렇듯 훌륭한 신, 또는 그 자손이 다스리는 나라에 사는 걸 백성들 스스로 자랑스럽게 여기라는 뜻도 있지.

옛 조선 무렵, 사람들은 하늘을 두려워하고 신성하게 여겼다는 걸 알 수 있어.

2 널리 인간을 돕고자 하노라

다른 신화와 달리 우리의 건국 신화에는 전쟁 이야기가 없어. 평화롭게 나라가 세워졌다는 뜻일 거야. 더구나 이미 사람과 사람 사이에 계급이 나뉘어졌음에도 불구하고 모든 사람을 널리 이롭게 하리라는 뜻으로 나라를 세웠다는 건 참 놀라운 일이야. 우리 민족의 바탕이 참으로 착하다는 생각이 들지 않니?

3 비, 바람, 구름 거느리고

농사는 날씨에 따라 많은 영향을 받아. 요즘에도 큰비나 큰바람 때문에 농사를 망치는 일이 생기니 옛날에는 오죽했겠어? 환웅이 세상을 다스리러 내려올 때 비와 바람과 구름의 신을 특별히 데리고 왔다는 건 그만큼 농사를 소중히 여겼다는 뜻일 게야.

4 곰 부족, 호랑이 부족

환웅이 무리 3,000명을 거느리고 하늘로부터 내려왔다는 것은, 그들이 그곳에 살던 사람들이 아니란 뜻이야. 환웅은 아마 백두산 너머에 살던 사람들이었겠지. 발달한 청동기 문화를 일찍 받아들인 뒤 더 살기 좋은 땅을 찾아 남으로 내려오다가 오래 전부터 백두산 아래 터 잡고 살던 곰 부족과 호랑이 부족을 만난 거야. 신화에서 곰과 호랑이가 사람이 되게 해 달라고 찾아왔다는 건 그들이 환웅족의 문화를 받아들여 같이 살고자 했다는 뜻 아니겠니? 그런데 곰은 사람이 되어 환웅과 결혼까지 하지만 호랑이는 그냥 뛰쳐나간단 말야. 곰 부족은 환웅족과 함께 하나의 더 큰 세력으로 뭉쳐지는 데 성공했지만 호랑이 부족은 실패했다는 걸 알 수 있어. 아마 호랑이 부족은 나중에 고조선이 더 커졌을 때 자연스럽게 우리의 겨레로 합쳐졌을 거야. 어때? 신화의 비밀이 조금씩 풀리는 것 같지 않니?

5 힘과 위엄으로 나라를 다스린다

환웅과 여자가 된 곰 사이에 태어난 아들이 단군왕검이야. 이 분이 비로소 나라의 이름을 '조선'이라 짓고 첫 임금이 되셨지. 우리가 흔히 '단군 할아버지'라 부르는데, 이 단군이란 이름은 하늘에 제사를 올리는 사람을 일컫는 말이야. 뒤에 붙은 '왕검'이란 이름은 임금이란 뜻이지. 이름에 이 두 가지 뜻이 함께 있는 것으로 보아 '단군왕검'은 종교 지도자와 왕 노릇을 함께 했다는 걸 알 수 있지.

6 대를 이어 나라를 다스린다

1,500년 동안 나라를 다스리고 신선이 되어 1,908세까지 사셨다? 학자들이 연구한 바로는 석기 시대 인류들의 평균 수명은 10년~30년이었대. 의학이 발달한 요즘에도 사람들의 평균 수명은 고작 70년을 조금 웃도는 정도야. 그렇다면 우리 나라의 시조이신 단군왕검은 인간이 아니었단 말인가? 그럴 리야 없지. 이 이야기는 단군왕검이 홀로 1,500년 동안 나라를 다스린 게 아니라, 그 후손들이 대를 이어 다스렸단 뜻이야. 결국, 단군왕검은 우리 나라 시조 할아버지의 이름이면서 고조선을 다스리던 왕들을 두루 일컫는 말이기도 한 것이지.

하나의 겨레가 세운 세 개의 나라

삼국 시대와 남북국 시대

고구려, 백제, 신라가 주축이 되어 한반도 역사를 이끌던 시기를 '삼국 시대'라고 해. 세 나라는 때로는 다투고, 때로는 도우면서 이전보다 발전된 문명을 이루었어.

고구려는 만주 벌판에 이르는 넓은 땅을 차지하며 우리 겨레의 용맹하고 진취적인 기상을 보여 주었고, 백제와 신라는 저마다 뛰어난 문화를 발전시켰어.

세 나라 모두 참 훌륭했지.

여기서부터는 고조선이 망하고 나서 어떻게 세 나라가 일어났는지 하나하나 살펴볼 생각이야.

하나의 겨레가 세운 세 개의 나라

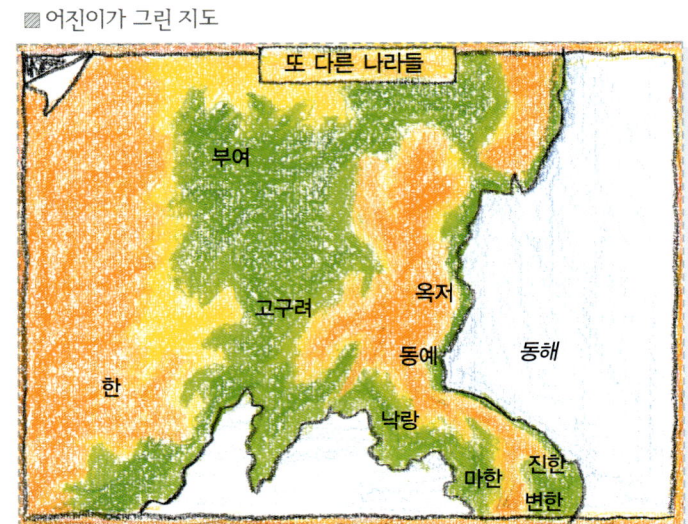

너희들이 좋아하는 컴퓨터 게임 가운데 하나에서 이와 비슷한 걸 봤을 거야.
그래, '바람의 나라', 고구려 호동 왕자와 낙랑국 공주의 사랑 이야기를 그린 김진 선생님의 만화를 바탕으로 만들어진 게임이지. 낙랑 공주와 호동 왕자 이야기는 다들 잘 알고 있는지 모르겠네. 짧게 이야기하면 이래.

옛날, 낙랑국에는 적들이 쳐들어오면 저절로 울리는 북과 나팔이 있었대. 고구려뿐 아니라 다른 나라들도 이 북과 나팔 때문에 낙랑국을 상대로 기습 공격 같은 건 꿈도 못 꿨지.
그런데 고구려 왕자 호동과 낙랑 공주는 아뿔사! 서로 사랑을 하게 됐대. 호동 왕자는 낙랑국을 고구려 땅으로 삼고자 결심했지. 그래야 사랑하는 사람과 오래오래 함께 살 수 있을 거라 여긴 거야. 낙랑 공주는 호동 왕자가 간절히 졸라 대자 그만 신기한 북과 나팔을 부수고 말았어. 이 틈을 타 고구려 군사는 낙랑국으로 쳐들어갔고, 북과 나팔이 울리지 않아 미리 대비할 수 없었던 낙랑국은 결국 고구려 대무신왕(무휼)에게 항복할 수밖에 없었지. 이제 호동 왕자 뜻대로 됐냐고? 아니. 딸이 나라를 배신한 걸 알고, 몹시 화가 치민 낙랑왕은 공주를 칼로 베어 버렸어. 결국 왕자와 공주의 사랑은 이루어지지 않았단다. 이 안타까운 사랑 이야기가 펼쳐지던 때가 지금으로부터 약 2,000년 전. 바로 700여 년에 걸쳤던 '삼국 시대'가 막 시작되고 얼마 지나지 않아서의 일이야.

삼국 시대, 바람의 나라들

삼국 시대라고 하면 고구려, 백제, 신라만 있는 줄 알았겠지만, 앞의 지도나 옆의 지도를 보면 다른 나라들이 또 있었다는 걸 알 수 있지.

수십만 년 전부터 한반도와 백두산 너머에까지 퍼져 살던 우리 겨레는 이미 고조선 때부터 여기저기 많은 나라들을 이루고 살았단다.

물론 지금 보면 모두가 한 겨레이지만 그 옛날 나라의 주인 노릇을 하던 왕들과 귀족들은 저마다 따로 나라를 세웠지. 그리고 더 큰 나라의 주인이 되고 싶어 전쟁도 마다하지 않았던 거야. 그 결과 고구려, 백제, 신라 세 나라만이 비슷한 힘을 팽팽히 겨루며 남게 되어 이른바 삼국 시대가 된 거라고.

부여, 옥저, 예, 마한, 변한, 진한, 가야……. 한 차례 바람처럼 우리 역사를 훑고 간 바람의 나라들이란다.

그러나 이 가운데 가야는 500년 가까이 나라를 지켜 냈고, 우수한 철기 문화를 바탕으로 삼국과 더불어 때로는 무역도 하고, 때로는 전쟁도 치르며 톡톡히 나라 구실을 했어.

더구나 일본에게 철기 문화를 가르치는 선생님이기도 했지. 때문에 삼국 시대라기보다는 사국 시대라고 하는 게 옳다는 의견도 있어.

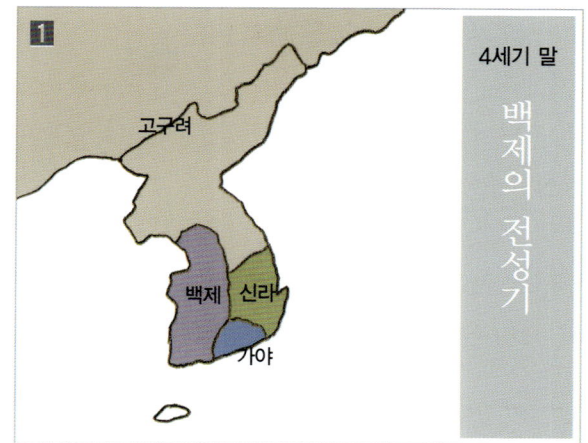

4세기 말 — 백제의 전성기

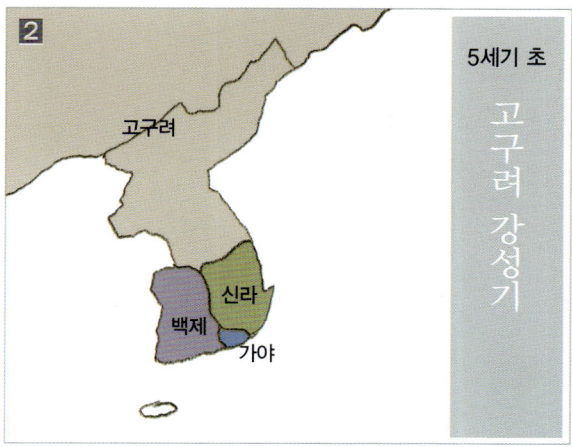

5세기 초 — 고구려 강성기

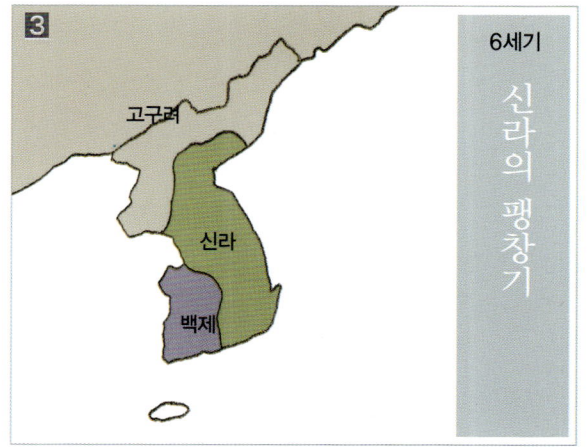

6세기 — 신라의 팽창기

8~10세기 — 통일 신라(남북 시대)

고구려, 백제, 신라 그 천 년의 바람

고구려, 백제, 신라 이 세 나라들은 때로는 서로 돕기도 하고 때로는 서로 싸움도 벌이며 우리 나라 5,000년 역사 가운데 700년을 함께 했단다. 뒤이은 통일 신라와 후삼국 시대까지 생각하면 1,000년이란 긴~ 세월이지. 세 나라는 저마다 훌륭했어. 고구려는 한반도 북쪽과 만주 벌판에 이르기까지 넓은 땅을 나라로 삼고 우리 겨레가 얼마나 강한지를 천하에 뽐냈고, 백제와 신라도 비록 나라의 크기는 작지만, 이웃 일본에게 발달한 문명을 가르쳐 주는 선생님 노릇까지 할 만큼 뛰어난 문화를 가지고 있었단다. 기록과 유물, 유적들이 이런 사실을 잘 증명해 주고 있지.

하하……! 이렇게 말해 보면 어떨까? 나라도 또는 역사라는 것도 마치 너희가 나이를 먹고 자라서 철이 들고 어른이 되듯 그렇게 자라나는 거라고. 지금 욕심대로 생각하면 아쉽겠지만 고조선과 삼국 시대가 있었기에 고려와 조선의 역사가 있었고, 그렇게 자란 우리 나라가 이제 자랑스런 대~ 한민국으로 훌쩍 성장한 것 아니겠냐고.

글쎄, 참 안타까운 일이지만 이렇게 또 생각해 보자. 너희도 자라면서 늘 건강한 건 아니잖아? 지금 우리 나라는 잠시 아픈 거야. 어쩌다 분단이란 몹쓸 병에 걸렸는지는 이 책 끄트머리에서 다시 이야기하자. 지금은 먼저 우리 겨레의 천 년 역사, 삼국 시대를 이야기할 차례야. 어쩌면 이 안에서 좋은 교훈을 찾을 수 있을지도 몰라!

왕들은 알을 깨고 나온다?

삼국유사와 같은 옛 기록을 보면 고구려를 세운 동명 성왕이나 신라 첫 임금인 박혁거세 모두 알에서 태어났대. 가야를 세운 수로왕도 마찬가지야. 백제를 세운 온조왕도? 이 분은 아냐. 하지만 그 아버지가 알에서 태어난 분이셔. 백제를 세운 온조왕은 고구려 동명 성왕의 둘째 아들이거든.
　물론 사람이 새나 공룡처럼 알에서 태어날 수 없다는 건 다 잘 알 거야.
　도대체 믿을 수도 없는 이런 일이 버젓이 역사 기록에 전해 오는 까닭은 뭘까?
　아마 이 책을 여기까지 꼼꼼히 읽어 봤다면 바로 짐작이 될 거야. 앞에서 고조선 건국 신화를 이야기한 곳에 이미 답이 있었으니까. 나라를 다스리는 왕은 마치 신처럼 거룩한 분이란 걸 굳이 나타내려 한다는 것이지. 그래야 백성들이 왕을 두려워하고 왕의 말을 잘 따를 테니까. 같은 시기에 로마 황제와 귀족들도 저마다 신화에 나오는 신들 가운데 하나가 자기네 조상이라고 우기고 다녔어. 다 같은 이유지.
　지금 보면 우스워 보일 수도 있겠지만, 이때는 세계 모든 나라가 이제 막 틀을 갖춰 나가기 시작한 때야. 마치 운전에도 초보가 있듯이, 이때 세상은 아직 초보 단계였다는 점을 이해해야 돼. 물론 2,000년이 지난 오늘이라고 세상 모든 게 완벽하진 않아.

　때문에 세상이 여기까지 어떻게 지나왔는지 살피고 앞으로는 어떻게 변해 갈지 생각해 보는 것, 즉 역사 공부가 필요한 것이야. 초보 단계의 역사를 되풀이할 순 없잖아?

　이제 삼국 시대를 하나하나 살피기에 앞서 특별히 고구려 첫 임금 동명 성왕의 신화를 이야기하려 해. 동명 성왕은 그 이름이 주몽이야. 이 주몽 이야기는 고구려가 어떻게 세워졌는지 알 수 있게도 해 주지만 그 이야기만으로도 아주 흥미진진하단다. 이렇게 재미있는 이야기는 만화로 보는 게 딱 좋아! 그렇지?

기원전 37년의 일이고 이때 주몽의 나이가 스물두 살이었대. 어때? 단군 신화처럼 모든 게 순조롭지는 않지만 그래도 하늘과 강물의 힘을 빌어 세상에 나오고 나라를 세우게 되었다는 고구려의 건국 신화야. 이야기가 좀 복잡해졌지?

이 이야기를 통해서 역사를 연구하는 선생님들은 많은 사실들을 알아내셨단다. 그 가운데 아주 중요한 두 가지 사실. 첫째는 고조선을 세운 단군이 하느님의 손자였던 것처럼 주몽 또한 신의 아들 해모수를 아버지로 삼게 하여 역시 하느님의 손자로 내세워진 것이야. 고구려와 고조선이 그 뿌리가 닿아 있다는 걸 은근히 보여 주는 거란다.

다른 하나는 단군과 달리 주몽은 말 키우는 허드렛일도 하고 '왕따'를 당하기도 하고 죽을 고비도 넘기며 갖은 고생을 다 한다는 거야. 물론 알에서 태어났고 물고기나 자라가 뛰쳐나와 다리도 놓아 주고 하는 황당한 이야기도 있지만 그래도 이제는 점점 신화가 아닌 역사로 더 가까이 가고 있다는 사실을 잘 알 수 있지.

이제 더 이상 1,200년 동안 살면서 나라를 다스리는 왕은 나오지 않아.

고구려, 그 힘찬 출발

여진이가 그린 호랑이 잡는 고구려인

우리 겨레의 첫 나라 고조선이 세워졌던 곳에 고구려가 또다시 나라를 이루었어. 첫 임금 주몽이 부여를 빠져나올 때, 아내는 아기를 배고 있어서 따라나서질 못했단다. 나중에 이 아이가 태어나 자란 뒤, 아버지가 나라를 세웠다는 이야기를 듣고 고구려로 찾아왔어. 이 분이 아버지의 대를 이어 고구려의 두 번째 임금이 된 유리왕이야.

유리왕은 국내성을 새 도읍으로 삼았어. 성을 튼튼하게 쌓고 외적을 막아 냈을 뿐만 아니라 사방으로 나라를 넓혀 갔지. 이곳 국내성은 평양으로 도읍이 옮겨질 때까지 약 400년 동안이나 고구려의 서울 노릇을 톡톡히 해냈어. 이제는 중국 땅(길림성 집안)이지만 그곳은 여전히 고구려의 숨결이 살아 있는 곳이야. 벽화로 이름난 무용총, 장군총, 각저총 같은 옛 무덤과 그 유명한 광개토 대왕릉비가 다 그곳에 있단다.

유리왕에게는 무휼이라는 용감한 아들이 있었는데, 왕(대무신왕)에 오른 뒤에도 군사들을 이끌고 주변의 작은 나라들을 정복하여 고구려 땅을 많이 넓혀 놓았지. 앞에서 이야기한 호동 왕자가 바로 이 분의 아들이야.

삼국 시대 내내 고구려는 백제, 신라보다 엄청나게 넓은 땅을 다스렸어. 마치 한반도를 지키는 수문장처럼 중국이나 북쪽 다른 민족들과 영토를 맞대고 숱한 전쟁을 치러 냈지. 그래서 지금도 많은 사람들이 우리 겨레가 얼마나 용감하고 강한 힘을 가졌는지를 자랑하려 할 때는 꼭 고구려를 앞세운단다. 하지만 그 힘이란 것은 바로 고구려 '백성들의 힘'이었다는 걸 알아둬야 해.

여진이가 그린 고구려인

고구려가 힘찬 출발을 할 수 있도록 백성들에게 힘이 돼 주었던 두 가지 사실을 본보기로 소개할게.

백성을 살리기 위해 귀족과 맞선 고국천왕(179~197년)과 재상 을파소

옛날, 봄에는 굶주리는 백성들이 많았어. 가을에 곡식을 거두어 세금이야, 땅 빌린 값이야 내고 나면 다음 추수 때까지 먹을 게 남지를 않는 거야. 때문에 봄이 되면 귀족들에게 곡식을 빌리지만 이자가 높아 제때 갚기가 힘들었어. 귀족들은 이 틈에 백성들을 노비로 삼아 버렸지. 결국 귀족들만 살찌게 되고 나라는 가난해져 갔어. 세금을 내고 군대도 가야 할 백성들은 줄고 귀족 집안의 노비만 늘어났으니 말이야. 이때 나라를 걱정한 재상 을파소가 왕에게 의견을 올렸으니, 나라의 곡식을 풀어 봄철 백성들에게 빌려주고 가을에 돌려받게 하자는 거였어. 이른바 '진대법'이라고 하는 거야.

을다소는 백성도 살렸지만 결국 나라도 살린 셈이야.

백성을 죽이는 왕은 필요 없다 - 소금 장수가 왕이 된 이야기

봉상왕은 백성들이 존경한다는 이유로 자기 숙부와 동생마저 죽인 못된 사람이었어.

이때는 신하들이 가만 있질 않았지. 왕이 너무 혹독하여 백성들이 고구려를 떠나 도망치기도 했으니 이대로 가다간 나라가 망할 판이었어. 봉상왕이 죽인 동생의 아들이 궁궐을 도망쳐 여기저기 떠돌며 머슴살이도 하고 소금 장수도 한다는 이야기를 듣고, 신하들은 그를 찾아 모셔 왔어. 그리고 군사를 일으켜 왕을 쫓아냈지. 머슴살이와 소금 장수를 하던 사람이 새 왕에 올랐어. 자신들의 어려움을 잘 아는 새 왕이 나라를 잘 돌보자 백성들은 힘이 났지. 이때 고구려는 400년간 이 땅에 중국이 설치한 낙랑군을 완전히 없애고 나라를 더욱 넓혀 넣어. 이 왕이 미천왕(300~331년)이야.

백제, 한강을 젖줄 삼아 나라를 세우다

한강을 모르는 사람은 없겠지? 30여 년 전 우리 나라가 막 가난을 벗어났을 때 외국 사람들이 이를 가리켜 '한강의 기적'이라고 할 정도로 한강은 우리 나라를 대표하는 강이야. 백제는 바로 이곳으로부터 시작됐어. 백제를 세운 이는 비류와 온조인데 둘 다 고구려 동명 성왕(주몽)의 아들, 그러니까 고구려 왕자이지. 백제가 세워진 이야기는 고구려와 신라와는 달리 신화가 아니라 사실로만 전해져 온단다. 들어 볼래?

백제를 크게 키워 낸 근초고왕(346~375년)

한반도 서쪽 바닷가와 남쪽 평야 지대에 있었던 작은 나라들은 하나 둘 백제 땅이 되어 갔어. 백제는 바닷길을 통해 중국이나 일본과 서로 왕래를 하기도 했지. 특히 일본은 백제로부터 많은 도움을 받았어. '논어'나 '천자문'도 백제를 통해 받아 보았고, 백제에서 직접 선생이 건너가 그들을 가르치기도 했지. 그 대가로 일본은 백제에게 조공을 바치거나 어쩔 때는 군사를 대기도 했어. 백제가 고구려를 황해도 북쪽으로 밀어내고 마한과 가야까지 아우른 근초고왕 때, 백제 왕세자가 일본 왕에게 하사한 칠지도는 지금도 일본의 보물로 남아 있단다.

신라, 천 년을 향한 첫 발걸음

고구려와 백제의 동남쪽, 한반도의 오른쪽 맨 아래 귀퉁이, 아마 그때 사람들로서는 세상의 맨 끝이라 여겼을 그곳에, 오래 전부터 나라를 이루고 살던 사람들이 있었어. 선사 시대 때부터 조상 대대로 농사도 짓고 고래잡이도 하면서 살던 토박이들, 그리고 고조선이 중국의 침략을 받고 망하자 살 곳을 찾아 내려왔던 사람들. 그들이 함께 어울려 세운 나라. 그 나라가 바로 신라야.

처음엔 왕이 없이 여러 마을의 어른들이 함께 모여 나랏일을 봤다지. 하지만 모두들 어질고 훌륭한 임금이 나와서 나라를 다스려 주길 바라고 있었대.

신라는 알에서 깨어난 왕이 좀 많지? 왜 그럴까? 처음엔 나라에 속한 부족들끼리 돌아가며 왕을 세웠기 때문일 거야. 각 부족마다 시조가 달랐을 거고. 그러다가 가장 큰 세력을 얻게 된 부족이 나라를 다스리게 되었던 거지.

바로 이렇게 우리는 신화에서 역사를 읽어 내는 거야.

세 나라가 불교와 만났을 때

지금으로부터 2,000년 전, 앞서거니 뒤서거니 출발했던 고구려, 백제, 신라.

400년이란 세월이 흐르면서 세 나라는 많은 발전을 이루었어. 무엇보다 농사짓는 기술이 크게 발전했어. 철로 만든 농기구가 널리 쓰이게 된 것도 큰 힘이 되었지.

요즘 쓰이는 농기구와 크게 다르지 않은 모습이란다. 쇠가 단단한 정도도 요즘 것들에 비해 전혀 뒤떨어지지 않아. 이 밖에도 논에 물을 대는 저수지 같은 시설이 크게 나아져서 가뭄 걱정도 조금은 덜 수 있게 됐지. 왕실이나 귀족들만이 누리긴 했지만 지붕을 덮는 기왓장, 집과 가구와 몸을 장식하는 데 쓰이는 금붙이 같은 것도 새로 생겨났단다.

사람들 사는 모습이 이렇듯 눈에 띄게 발전했지만 눈에 보이지 않는 '사람들의 생각'도 예전과는 달라졌어. 가장 크게 변한 것은 '백성들의 생각'이야. 이제 더 이상 그들을 다스리는 왕이 하느님 손자라거나 신비로운 알에서 나왔다는 이야기를 믿지 않게 되었다는 거지. 물론 여전히 왕이나 귀족들은 막강한 힘을 가진 두려운 존재야. 그렇지만 신분이 다를 뿐, 사람으로 태어나 살다 죽기는 서로 다르지 않다는 사실을 이제 누구나 깨닫게 된 거라고.

그런데 왕과 귀족들은 이렇게 '백성들의 생각'이 변해 가는 것이 그리 반갑지가 않았어. 뭔가 백성들로부터 존경심을 이끌어 낼 다른 방법을 찾아야 했지.

■ 왕과 귀족들의 바뀌지 않는 역할

- 세금을 거두어 나라 살림을 도맡아 꾸린다.
- 범죄자들을 처벌하고 유지한다.
- 군대를 거느리며 외적을 막아 내고 때론 지키기도 한다.
- 대부분 잘 먹고 잘산다.

- 일을 하고, 세금을 내고, 군대를 간다.
- 왕과 귀족에게 잘못 보이면 땅을 뺏기거나 때론 목숨까지도 잃는다.
- 대부분 몹시 가난하다.

왕이 곧 부처다?

땅덩어리가 커지고 백성들이 늘어난 만큼, 수많은 백성들을 다스리는 일도 간단한 일이 아니었어. 특히 이 고을 저 고을마다 백성들이 섬기는 신이 다 달라서 마음을 한데 모으기도 쉽지 않았지. 더구나 삼국 시대만 하더라도 왕과 귀족들이 나라의 주인 노릇을 할 뿐, 백성들은 나랏일에 한마디 거들고 나설 수도 없었을 때라 지금 우리가 느끼는 '애국심' 같은 것은 아직 생겨나지도 않았을 때야.

바로 이럴 즈음에 중국으로부터 스님들이 와서 이 땅에 불교를 알리기 시작했어. 백성들에게 불교는 놀라운 것이었어. 예전에 믿던 하늘 신이나 해와 달, 강이나 바다의 신들은 그저 두려운 존재일 뿐이었고 잘 봐 달라고 재물을 바치고 빌면 그만이었는데 불교는 달랐던 거야.

불교는 백성들에게 가르침을 주었어. "모든 생명은 다~ 소중하다!" "욕심을 버리고 착하게 살면 훗날 반드시 행복하게 살 수 있다." 반대로 "나쁜 짓을 많이 한 자는 죽어서 꼭 개, 돼지로 태어난다." 따위인데 무엇보다 놀라운 가르침은 "마음을 비우고 열심히 수행을 하면 누구나 부처가 될 수 있다!"는 거였어. 왕이나 귀족보다 더 높은 신 같은 존재 말이야. 여태껏 어느 누구한테도 듣지 못했던 말이었어. 많은 백성들이 부처님의 '가르침'을 새기고 불교를 믿게 되었지.

왕이나 귀족들은 어땠을까? 그들 역시 이 놀라운 가르침을 받아들이지 않을 수 없었지. 한편으로는 "옳다구나~!" 하고 무릎을 치기도 했는데, 가르침으로 세상을 구하는 부처에 빗대 나라를 다스리는 자신들도 훌륭한 사람이란 걸 뽐낼 수 있으리라 여긴 거야. 백성들이 왕과 귀족들을 부처나 미륵불과 동급으로 여겨 주길 바란 거지. 또 온 나라가 불교를 믿음으로 해서 백성들의 마음을 한데 모을 수 있겠다고 생각했어. 즉, 불교를 통해 백성들의 애국심을 끌어내자는 의도야.

이런 이유로 왕과 귀족들은 적극적으로 불교를 받아들였어. 나랏돈을 들여 절을 지었고 중국에서 건너왔거나 그들의 가르침을 받은 스님들을 극진히 모시었지.

백성들이 꽃피워 낸 찬란한 불교 문화

고구려는 374년 소수림왕 때 불교를 받아들였고 백제는 384년 침류왕 때 불교를 받아들였어. 신라는 그보다 150년쯤 늦은 527년 법흥왕 때에야 불교를 받아들였지만 백성들 사이에서는 이미 두 나라와 비슷한 시기에 불교를 알거나 믿고 있었던 것으로 보여. 삼국이 나라는 다르더라도 같은 겨레인 백성들끼리는 많은 것을 나누고 살던 때인지라 고구려나 백제 백성이 믿는 불교를 신라 백성들이 150년 동안이나 모르고 지냈을 턱이 없지.

이렇게 세 나라가 불교를 받아들인 뒤 가장 눈에 띈 변화는 승려라는 새로운 신분이 생겨난 거야. 승려들은 왕실과 귀족들의 비서 또는 외국을 오가는 외교관 노릇을 하며 정치에도 참여했지. 승려는 백성들에게 가르침을 주는 선생님이기도 했으며 때로는 힘든 삶을 위로해 주는 친구이기도 했어. 또한 승려는 불교를 학문으로 연구하는 학자이기도 했지.

삼국 시대 불교가 남긴 또 하나의 커다란 의미는 우리에게 자랑스런 '문화 유산'들을 남겨 주었다는 거야. 많은 절터와 불상과 석탑 같은 건축물과 예술품들이 저마다 빼어난 솜씨를 빛내며 지금까지 전해 내려와 나라의 보물이 되었지. 특히 통일 신라 때 만들어진 석굴암은 우리 민족만의 보물이 아니라 전 세계 사람이 소중히 여길 만한 가치가 있다 하여 유네스코에서 '세계 인류 문화 유산'으로 정해 놓았을 정도야. 빼어난 예술품이자 역사를 공부하는 중요한 자료이기도 하고 우리 민족의 능력을 뽐내는 자랑거리이기도 한 이 '문화 유산'들은 과연 누가 만들었을까?

일본으로 건너가 금당 벽화를 그린 고구려 승려 '담징'이나 신라 황룡사를 세운 백제 목수 '아비지', 그리고 불국사와 석굴암을 설계했다는 신라 귀족 '김대성'처럼 이름이 밝혀진 경우도 있지만 대부분 누가 만들었다고 밝혀진 경우가 드물어. 다만 확실한 것은 이 모든 '문화 유산'에는 삼국의 백성들이 흘린 피땀 그리고 정성 가득한 마음이 담겨져 있다는 사실이야. 혹시 유적지나 박물관에서 이런 것들을 볼 때 이 말을 새기고 잘 봐 봐. 어느 순간, 삼국 시대 조상님들의 마음이 확 눈에 들어올지도 몰라.

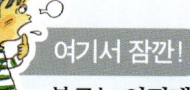

여기서 잠깐!
불교는 어떻게 생겨났나요?

기원전 500년경, 인도에서 처음 시작된 불교는 석가모니란 분이 세운 종교야.

석가모니는 원래 왕자로 태어났지만 고통스럽게 살아가는 다른 사람들을 보며 항상 마음 아파했대. 29세 때 왕자라는 신분과 가족을 버리고 집을 떠나 오랜 수행 끝에 깨달음을 얻게 되었으니, 그때부터 불교가 세상에 알려진 거야. 그 '깨달음'을 다 설명할 순 없지만 너희들이 알기 쉽게 조금만 이야기해 볼게.

사람들이 살면서 고통스러운 건 모두 욕심 때문이라는 거야. 때문에 욕심을 버리고 착하게 살면 누구나 마음이 평온해진다는 거지. 욕심을 버리고 산다는 게 말이 쉽지 실제로 얼마나 힘든지는 너희도 잘 알 거야. 그렇게 힘들게 욕심을 버리고 나면 누구나 '깨달은 사람', 즉 '부처'가 될 수 있다는 게 그 가르침 가운데 하나야.

기원전 230년경, 인도 아소카 왕이 불교를 온 백성에게 믿게 하였고 세계 여러 곳에 승려들을 보내 불교를 전파하였어. 그 후 200여 년이 지나 2세기경 실크로드를 통해 중국에 불교가 처음 들어왔어. 그러고도 200여 년이 더 지나서야 고구려에 불교가 들어왔으니 인도를 벗어나 한반도에 이르기까지 약 900년이 걸린 셈이야.

여기서 또 잠깐!
이때 불교 말고 다른 종교는 없었나요?

왜 없었겠어? 삼국 시대 훨씬 이전부터 지구 곳곳에 많은 종교가 있었지. 기독교, 불교, 이슬람교, 유교 모두 우리 역사로 치자면 삼국 시대 또는 그 이전에 생겨났어. 이 가운데 기원전 56년경 중국에서 생겨난 유교는 고조선 끝 무렵부터 우리 나라에 알려졌지만 주로 나라를 다스리는 사람들이 학문으로 받아들인 정도였어. 지금 전 세계적으로 많은 사람들이 믿고 있는 기독교는 30년에 로마의 지배를 받던 이스라엘에서 처음 생겨났어. 그 후 300년 가까이 로마로부터 갖은 시달림을 받다가 313년 콘스탄티누스 황제가 기독교를 인정한 뒤 온 유럽에 빠르게 퍼져 나갔지. 이슬람교는 630년 아라비아에서 알라신의 계시를 받았다는 예언자 마호메트가 처음 세운 종교야.

이 모든 종교는 마치 삼국 시대 불교가 그랬던 것처럼 저마다 세력을 뻗치던 나라에서 백성들의 마음을 하나로 묶어 나라를 지탱하는 구실을 톡톡히 하였단다. 하지만 다 다른 종교라 할지라도 사람을 소중히 여기고 '사랑'과 '평화'를 내세운 것은 모두 같았어. 그렇다고 세상에서 서로 죽이고 죽는 전쟁과 백성들의 고통이 당장 사라지지도 않았어. 1,500년쯤 지난 요즘도 마찬가지야. 우리 역사뿐 아니라 모든 인류의 역사도 아직 한참 더 자라야 하나 봐. 너희가 어른이 될 때쯤 모든 종교의 가르침대로 세계가 평화로울 수 있다면 좋겠다.

정복할 것인가? 정복당할 것인가?

지금 남한과 북한 사이에는 한반도 허리쯤을 동서로 길게 갈라놓은 철망이 쳐져 있단다. 다른 나라들도 더러 이렇게 울타리를 둘러친 곳도 있지만 그렇지 않은 대부분의 나라들도 정확히 거리를 재고 따져서 지도 위에 국경선을 그어 놓았지. 그렇지만 삼국 시대에는 그런 게 없었어. 우리뿐 아니라 세계 모든 나라가 마찬가지야. 사람들이 모여 사는 성이나 마을로 군사를 이끌고 쳐들어가 항복을 받아 내면 바로 그곳은 싸움에 이긴 나라의 차지가 되는 거야.

우리 나라 같은 경우 특히 한강 부근을 두고 치열한 쟁탈전이 벌어져 삼국 시대 동안에 주인이 여러 번 바뀌었지. 전쟁을 원할 리 없는 백성들로서는 참으로 고달픈 일이었지만 어쩔 수 없었어. 그때는 왕과 귀족들만이 나라의 주인이었고 그들은 항상 전쟁을 통해 영토를 넓히려 했으니까. 700년에 이르는 삼국 시대 동안 크고 작은 전쟁이 400번도 넘게 있었대. 적어도 2년에 한 번 꼴로 전쟁이 터졌던 거야. 고구려, 백제, 신라가 어우러져 전쟁을 벌인 것과 중국 군사들 또는 일본 해적들과 맞서 싸운 전쟁까지 다 포함된 횟수야. 지금부터 이 전쟁에 대한 이야기를 하려고 해.

세 나라마다 빼어난 활약을 보인 왕이나 장수는 누구였는지, 세 나라끼리뿐 아니라 다른 민족이 침략했을 때는 어떻게 맞서 싸웠는지, 그리고 누가 최후의 승리자가 되어 삼국을 통일했는지, 그 가운데 지금 우리가 얻을 교훈은 뭐가 있는지 하나하나 따져 볼 거야.

손에 땀을 쥐는 전쟁 이야기. 신날 것 같다고? 제발 마음 돌려 먹어.
전쟁은 아프고 끔찍하고 슬프고 나쁜 거야. 지나간 전쟁이야 어쩔 수 없지만, 앞으로 전쟁은 크든 작든 영원히 이 세상에서 없어졌으면 좋겠어.
나는 꼭 그러길 바라.

가장 커다란 나라 고구려

압록강과 백두산 너머 너른 땅. 그리고 한반도 깊숙이까지 나라를 넓혔던 고구려는 삼국 시대를 통틀어 세 나라 가운데 가장 격렬한 전쟁을 많이 치른 나라야.

나라를 넓히기 위해서도, 넓어진 땅을 지키기 위해서도 전쟁은 피할 수 없었던 거지. 불교를 받아들인 소수림왕(371~384년) 때, 다른 여러 법들을 손보고 '태학'이라는 학교까지 만들며 나라를 추스린 고구려는 뒤이어 광개토왕(391~413년)과 장수왕(413~491년) 때 이르러 우리 역사상 가장 큰 땅덩어리를 가진 나라가 됐어. (41쪽 지도 2 참조)

이때 고구려 사람들은 자신들이 사는 곳을 가리켜 '중원'이라 했지. 중원은 '세계의 중심'이라는 뜻이야. 앞에서도 잠깐 말했지만 국경을 맞대고 있는 중국으로서는 이런 고구려가 여간 거슬리는 게 아니었어.

그도 그럴 것이, 고구려가 버티고 있는 한반도만 빼고 주변 모든 나라가 자기들에게 무릎을 꿇었거든. 그런데 고구려는 항복은커녕, 오히려 스스로를 세계의 중심이라고 하니 참으로 눈엣가시 같았지.

장수왕 이후 백 년쯤 지나, 중국 수나라는 백만이 넘는 군사를 일으켜 마침내 고구려로 쳐들어 왔어. 이때 고구려 사람 모두를 합쳐 봐야 70만 명이 채 안 됐다 하니, 2백만 군사가 얼마나 엄청난 건지 짐작이 되지? 아마 이 정도 군사면 고구려쯤 단숨에 무너뜨릴 수 있으리라 생각했을 거야.

그런 다음 고구려보다 훨씬 작은 백제, 신라쯤이야 식은 죽 먹기로 삼키려 했겠지. 만약에 이 전쟁이 수나라의 뜻대로 되었다면, 우리 민족은 통일된 민족 국가를 한 번도 세워 보지 못한 채 영영 세계사에서 사라져 버렸을 거야. 부풀려서 하는 이야기가 아냐.

싹이 잘리면 꽃도 못 피우고 열매도 맺지 못하는 거야.

고구려는 거세게 몰아닥친 중국을 어떻게 막아 냈을까?

광개토 대왕의 업적을 새긴 이 비는 높이가 6.39m, 우리나라에서 제일 큰 비석이야. 중국 지린성에 있단다.

실제로 가서 보면 좋겠다.

삼국 시대와 남북국 시대

튼튼한 성, 백성들의 단결된 힘, 그리고 을지문덕 장군이 있었다

수나라가 쳐들어오자 고구려는 '버티기 작전'을 펼쳤어. 모든 백성과 군사들이 자기네 고을에 있는 성 안으로 들어가 침략군과 맞서는 거지.

수나라는 얼른 전쟁을 끝내려고 정예 군사 30만을 평양성으로 보내 고구려의 수도를 공략하고자 했지. 그러나 평양성은 아주 튼튼한 성이었어. 수나라 군사들은 더욱 지쳐 갈 뿐이었지. 이럴 즈음, 을지문덕 장군은 수나라 장군에게 편지를 보냈어.

'이미 그대들은 많은 공을 세웠으니 그만 돌아가 달라'는 내용인데, 어찌 보면 칭찬 같기도 하고, 어찌 보면 비아냥거리는 것처럼도 보이는 거야.

수나라는 달리 뾰족한 수도 없어서 짐짓 을지문덕 장군의 요청을 들어주는 것처럼 군사를 되돌렸어. 후퇴하던 수나라 군사가 살수라는 큰 강을 건널 때, 을지문덕 장군은 미리 숨겨 놓은 군사들과 더불어 수나라 군사를 사방에서 공격했지.

강물에 갇힌 적군들은 손쓸 새도 없이 허둥대다 순식간에 무너져 버렸어. 30만 군사 가운데 살아서 도망간 수가 겨우 2천 명 남짓이라니, 거의 전멸을 당한 거지.

기가 질린 수나라 황제는 남은 군사를 이끌고 중국으로 돌아갔어. 그 뒤로도 두 차례 더 수나라는 고구려를 치러 왔지만 번번이 실패했지.

뒤이어 세워진 당나라도 십수 년에 걸쳐 아홉 번씩이나 고구려를 치러 왔지만, 모두 실패했어. 이때는 연개소문과 양만춘이라는 빼어난 장군이 당나라를 상대했지. 하지만 백성들이 쌓은 튼튼한 성과 단결된 힘이 없었더라면, 어떤 능력 있는 장수라 할지라도 고구려를 지켜 낼 수 없었을 거야.

실제로 연개소문은 당나라를 물리친 훌륭한 장군이었으나, 백성을 돌보지 않았기 때문에 끝까지 고구려를 지켜 내지 못했어. 연개소문은 왕과 귀족을 힘으로 틀어쥐고 혼자 나라를 다스렸지. 그가 세상을 떠나자 남은 자식과 귀족들 사이에 권력을 두고 다툼이 일어났고, 고구려는 구멍난 공처럼 그 힘이 급격히 사그라들기 시작했어.

고구려가 세워진 지 7백 년쯤 지나서 일이야.

작지만 꿋꿋한 나라, 백제

앞에서 이야기했듯이 고구려와 백제를 세운 첫 임금들은 매우 가까운 사이야. 따지고 보면 형제 나라인 셈이지. 나라를 세우고 한동안은 두 나라 사이에 전쟁이 일어나지 않았어. 고구려는 주로 중국과, 백제는 남쪽 마한, 동쪽 신라와 크고 작은 전쟁을 벌이며 나라를 키워 가느라 직접 부딪칠 일이 없었으니까.

그러다가 4세기 들어와 고구려와 백제 사이에 있던 낙랑군이 고구려에게 정복당하자, 두 나라는 직접 국경선을 맞대게 되었어.

마침 백제도 남쪽 마한을 모두 점령하고 슬슬 북쪽으로 눈을 돌리고 있을 때야. 369년, 처음으로 맞붙은 전쟁에서 뜻밖에도 작은 나라 백제가 승리를

거두었어. 2년 뒤에는 근초고왕이 3만 군사를 이끌고 평양성까지 쳐들어갔지.

이로써 백제는 황해도 지역을 차지하고 백제 역사상 가장 큰 땅덩어리를 가지게 되었어. (41쪽 지도 1 참조)

하지만 그리 오래 가지는 못했지. 25년쯤 지나 고구려 광개토왕이 백제를 공격해 황해도 땅을 되찾았거든. 백제와 신라는 동맹을 맺고 고구려와 맞서 보려 했지만, 광개토왕의 아들 장수왕은 두 나라를 더욱 거세게 몰아붙였어. 특히 백제는 한강 지역마저 뺏겨 나라가 더 작아지고 말았지.

이후로 백제는 나라를 더 크게 넓혀 내지 못했지만, 시나브로 망해 가지도 않았어.

땅은 작지만 넓은 평야 지대가 많았던 백제는 이때부터 농업에 많은 힘을 쏟았단다.

그리하여 우리 나라 실정에 맞는 농사 기술이나 농기구, 저수지나 보와 같은 물 대는 시설들을 세 나라 가운데 가장 훌륭하게 발전시켜 냈어.

6세기 초 신라는 백제에게 농사 기술을 배워 와 나라 살림을 튼튼히 할 수 있었지.

일본은 학문이나 불교뿐 아니라 농사 기술까지도 백제로부터 들여왔어.

작지만 꿋꿋한 나라 백제는 앞선 농사 기술로 삼국 시대 한반도 경제를 살려 냈을 뿐 아니라 일본 경제까지 발전시킨 셈이야. 농업을 바탕으로 안정을 되찾은 백제는 성왕 때 잠시 한강 부근을 되찾기도 했어. 그러나 7세기 초, 무왕과 의자왕 때 이르러 위태한 지경에 이르게 돼.

귀족과 왕실이 서로 다투고 사이가 틀어진 신라와 다시 전쟁을 벌이느라 백성을 쥐어짜 대니 불만이 높아만 갔지. 어느 시대 어느 나라라 할지라도, 백성이 등을 돌리면, 그 나라는 아무 힘도 쓸 수 없게 되는 거야.

슬기로운 만큼 용감한 나라, 신라

신라는 세 나라 가운데 가장 먼저 생겨났다지만, 발전하는 속도는 가장 더디었지. 고구려, 백제, 가야가 둘러싸고 있고, 바다 건너에는 일본이 가로막고 있었으니 사방이 온통 적이었던 셈이야. 모든 나라가 정복 전쟁을 일삼던 때라, 신라로서는 불리한 위치였지.

가장 두려운 상대는 고구려였어. 고구려는 신라 왕자를 인질로 잡아가기도 했고, 신라 땅에 군사를 항시 머무르게 하면서 신라 왕실을 좌지우지한 적도 있었어.

힘이 약했던 신라는 때론 고구려의 지배를 받기도 하고 때론 백제와 동맹을 맺어 고구려와 맞서기도 하며 줄타기하듯 나라를 이끌어 가야 했어.

그러는 가운데 도둑질하러 오는 일본 해적들을 물리쳐야 했고, 가야와도 줄기차게 정복 전쟁을 벌여야 했으니 어지간히 슬기롭거나 용감하지 못했다면 신라는 일찌감치 사라져 버렸을지도 몰라.

이렇게 숨죽인 세월을 보내던 신라는 나라가 세워진 지 5백 년도 더 지나서야 비로소 고구려, 백제와 맞설 만큼 자라났어.

지증왕 때 농업을 크게 발전시켰고 법흥왕 때 불교를 받아들이면서 나라를 다스리는 법을 새로 갖추더니, 그 다음 진흥왕(540~576년) 때는 이를 바탕으로 삼국 시대 판도를 확 뒤집어 놓았어. 백제와 고구려를 공격하여 영토를 크게 넓혔지. (41쪽 지도 3 참조)

어진이가 그린 화랑

삼국 시대 초기만 하더라도 직업적인 '전사'만이 전쟁에 나섰으나 이때는 달랐어. 전쟁이 한번 붙으면 장기전으로 가기 일쑤였고, 군사 수도 훨씬 많이 필요했지. 그에 따라 식량이나 무기 같은 전쟁 물자가 넉넉해야만 이길 수 있었어.

말 그대로 '총력전'. 온 백성이 온 힘을 쏟아야만 전쟁에서 이길 수 있었다는 이야기야. 6세기에 들어와서 신라가 고구려 백제와 싸워 이길 수 있었던 이유도 바로 여기에 있어. 이 무렵 세 나라 가운데 백성들의 힘을 하나로 가장 잘 묶어 낼 수 있었던 나라가 신라였던 거지. 그렇게 될 수 있었던 것은 정치와 경제가 편안했기 때문이었지만, 또 하나 특별한 이유가 있었어. 바로 진흥왕 때 만들어진 '화랑도'야.

신라 백성을 하나로 뭉치게 한 '화랑도'

'화랑도'란 열네댓 살 또래 사내들이 한데 어울려 공부도 하고 놀기도 했다는 신라 시대 청소년 조직이야. 옛날 씨족 사회 때부터 있었던 '또래 집단'에서 비롯되었다는데, 살아가는 데 필요한 여러 학문이나 역사를 공부하였고, 노래와 춤도 함께 즐겼으며, 각종 무술과 더불어 군사 훈련까지 익혔다고 해. 요즘으로 치자면 학교와 군사 훈련소 역할을 겸한 셈이지.

나랏일을 보는 관리나 전쟁에 나가는 장수와 병정들이 모두 이 화랑도를 통해 길러졌어. 또한 화랑도는 신라 백성의 마음을 한데 묶는 데도 많은 역할을 하였지.

나라 사랑하는 마음과 바른 생활을 화랑 스스로도 배웠지만, 신라 사람 모두에게 같은 것을 깨우치게 한 것이 화랑도의 큰 역할이었어.

사다함이란 한 화랑 이야기를 통해 이런 사실이 빈말이 아님을 알 수 있단다.

어때? 6세기 무렵, 신라를 강하게 키워 낸 힘이 백성들의 단합된 힘에서 나왔고, 그 힘은 화랑도로부터 생겨났다는 것이 이해가 되지?

친구 사이의 의리, 나라에 대한 충성을 보여 주는 화랑들의 이야기는 이 밖에도 아주 많아. 화랑도는 오직 신라에만 있었어. 신라 사람이면 누구나 화랑들을 사랑하고 소중히 여겼단다.

이로부터 백 년쯤 후, 삼국 통일 과정에서 눈부신 활약을 펼쳤던 신라 장군 김유신과 무열왕 김춘추도 역시 화랑도를 통해 슬기와 용맹함을 깨우친 인물들이란다.

삼국 통일은 누가 이뤄 냈을까?

서로 물고 물리고……. 삼국 시대 내내 치열하게 펼쳐졌던 정복 전쟁이 드디어 끝을 보게 되었어. 최후의 승리는 신라에게 돌아갔지. 김유신 장군이 신라 군사 5만을 이끌고, 백제를 공격할 때, 백제 계백 장군은 5천 결사대와 함께 황산벌에서 맞서 보았지만, 모두 전사하고 말았어.

당나라 군사는 13만이라는 대군으로 또 다른 방향에서 백제를 공격했지. 백제는 어쩔 도리 없이 항복을 하고 말았으니, 나라가 세워진 지 679년 만인 서기 660년 7월 18일의 일이야.

그리고 8년 후, 당나라와 신라군이 서로 군사를 합하여 평양성을 공격한 지 한 달여 만에 고구려 또한 항복하고 말아. 백제 멸망 이후 고구려는 당나라에 맞서 꿋꿋이 버텨 왔으나, 귀족들끼리 권력을 다투고 심지어는 당나라와 신라로 도망치는 귀족들까지 생겨나면서 나라가 흔들리는 걸 걷잡을 수 없었어.

결국 당과 신라 앞에 무릎을 꿇고 말았으니, 동명 성왕이 나라를 세운 지 705년 만인 668년 9월 21일의 일이야. 이로써 삼국 시대는 역사 속에서 그 막을 내리게 돼.

이제 신라는 삼국을 통일하고 한반도의 유일한 주인이 되었을까……?

아직은 아니야. 고구려와 백제를 무너뜨리고 삼국을 통일했다는 기쁨도 잠시, 신라는 새로운 위기에 맞닥뜨리게 돼. 고구려, 백제와의 싸움에 당나라를 끌어들인 게 불씨가 된 거야.

신라를 도와 전쟁에 참여했던 당나라는 어처구니없게도 고구려와 백제 땅을 자기네 땅이라고 우기며 군사를 물리지 않더니, 이제는 신라까지 집어삼키려 하는 거야.

애초에 무열왕 김춘추가 당나라에 도움을 청한 게 썩 잘한 일은 아니었어. 한반도에 하나의 민족 국가를 세워 불필요한 정복 전쟁을 끝내려던 뜻은 좋았으나, 같은 민족끼리 해결하지 못하고, 외세를 끌어들인 것은 두고두고 아쉬운 대목이야.

어쨌거나 이제 신라는 당나라와 싸워 이기지 않으면 스스로가 망할 위기에 처하게 됐어.

이것은 신라에게만 닥친 위기가 아니었어. 우리 민족 모두에게 닥쳐 온 위기였지.

그야말로 민족 전체가 죽느냐 사느냐 하는 갈림길에 놓이게 된 것이야.

신라는 정신을 바짝 차리지 않을 수 없었지. 군사들을 다시 모아 먼저 백제 땅을 차지하고 있던 당나라 군사들을 공격했어.

죽기살기로 싸우는 신라군에 밀려 당나라는 옛 고구려 땅으로 군사를 물렸지. 하지만 그곳에서는 옛 고구려 백성들이 칼을 뽑아들고 벼르고 있었어. 당나라는 신라 군사뿐 아니라 고구려와 백제를 되살리려는 무리들과도 전쟁을 피할 수 없게 된 것이야.

당나라와 동맹을 맺고 고구려와 백제를 쳐부순 신라였지만, 이제는 두 나라의 남겨진 백성들과 힘을 합해 당나라를 물리치지 않으면 안 되었어. 신라는 고구려와 백제 출신의 장수나 관리들에게 높은 벼슬도 내리고, 군사까지 지원해 주며 당나라와 싸워 줄 것을 요구했지.

또한 귀족과 평민을 가리지 않고 당나라와 싸워 공을 세운 자에게는 상을 주고 그 신분을 높여 주었어. 이렇게 되자, 고구려니 백제니 신라니 그 출신을 가릴 것 없이 모든 백성이 당나라를 물리치기 위해 적극적으로 나서게 되었지.

비로소 우리 민족이 하나가 되어 당나라와 맞서 싸우게 된 거야. 이 전쟁은 9년 동안 계속되다가 676년 우리 민족의 승리로 끝이 났어.

비록 대동강 남쪽 지역만 아우르고 옛 고구려 땅은 빼앗겼지만, 이로써 우리 민족은 최초로 통일된 나라를 이루고 살게 되었어.

아쉬운 점도 있긴 있으나, 이 삼국 통일의 의의는 매우 값진 것이야. 한 겨레가 수백 년 동안 여러 나라로 갈라져 싸우던 일을 그치게 된 것만도 참으로 다행스러운 일이야.

고구려, 백제, 신라 백성들끼리 옛날부터 교류가 없었던 것은 아니었지만, 이제 터놓고 그 문화를 함께 나누고 하나의 민족 문화로 발전시켜 낼 수 있게 된 것도 매우 잘된 일이지.

다만 여기서 교훈 한 가지는 깊이 새기고 갈 일이야.

결국 삼국 통일은 신라만의 힘이 아니라, 온 겨레의 단합된 힘으로 이루어졌다는 것.

한반도에 하나로 통일된 나라를 세우는 것은 좋은 일이지만, 삼국을 합치느라 외국 군대를 끌어들였던 것은 자칫 우리 겨레 모두를 망칠 뻔한 위험천만한 일이었어. 온 겨레가 하나로 뭉쳤기에 다행히 당나라를 물리칠 수 있었지만 정말 아찔한 순간이 아닐 수 없어. 남북 통일을 앞두고 있는 오늘, 우리로서는 더욱 뼈 깊이 새겨야 할 대목이야.

왕과 귀족만으로는 나라가 안 돼요

통일 신라의 빛

드디어 전쟁이 끝나고 새로운 역사가 시작됐어. 통일 신라!

무엇보다 이때 필요했던 일은 옛 고구려와 백제 출신 겨레들을 신라 백성으로 끌어안는 일이었어. 예전에 세 나라가 한 치의 양보도 없이 정복 전쟁을 일삼던 때는 전쟁에 이긴 쪽이 진 쪽을 죽이거나 노예로 삼았었지. 백제 계백 장군이 아내와 아이를 죽이고 마지막 싸움에 나간 것도 살아남아 욕을 보느니 차라리 이게 더 낫다 생각해서 그런 거지. 가슴 아픈 일이었지만 예전부터 사실이 그러했으니 계백 장군을 탓할 수도 없는 노릇이야.

하지만 다행스럽게도 신라는 이런 잔인한 짓을 하지 않았어. 당나라와 싸울 때 힘을 합하며 '같은 민족이란 참 좋구나!'라는 생각이 싹터서였을까? 신라는 고구려, 백제를 차별하지 않았고 옛 고구려, 백제 땅에 살던 백성들도 당나라에는 거세게 저항했지만 신라에는 그러지 않았지. 참 모처럼만에 한반도에 평화가 찾아온 거야. 나뉘어 있던 삼국이 이제는 한데 슬기를 모아 민족 문화를 새로 꽃피우게 되었어.

앞서 석굴암과 불국사를 잠시 이야기했지만 그뿐이 아냐. 불국사 3층 석탑에서 나온 '무구정광 다라니경'은 세계에서 가장 오래 된 목판 인쇄물이야. 8세기 초, 동남아와 인도를 거쳐 서역까지 갔다 온 혜초 스님의 '왕오천축국전'이란 기행문은 그 당시 인도를 알 수 있는, 세계에 하나밖에 없는 중요한 기록이란다. 의상 대사나 원효 대사는 불교에 대한 새로운 가르침을 펼쳐, 백성들로부터 많은 존경을 받으신 분들이야.

원효 대사 아들인 설총은 한자를 이용한 '이두'란 글자를 개발하였는데 훗날 일본 글자에 많은 영향을 끼치었지. 또 많은 청년들이 당나라로 유학을 가 이름을 떨쳤어.

금관이나 에밀레종이라 불리는 '성덕 대왕 신종' 따위를 보면, 이 시대 이름 모를 예술가들의 솜씨가 얼마나 빼어났었는지를 짐작할 수 있단다. 이 밖에도 일일이 말하기 힘들 만큼 많은 것들이 있지만 한 가지만 덧붙일게. 통일 신라의 서울 경주를 빼놓을 수 없어. 당시 금성이라 불리던 이곳은, 가장 번성할 때 가구 수가 178,000이었고, 마을 수가 1,360개, 도시 길이가 22킬로미터였다고 해. 지금 경주는 가구 수가 97,000에 지나지 않으니, 그 당시 규모가 어느 정도였는지 알겠지? 이 모든 게 통일 신라가 만들어 낸 빛과 같은 것이라면 그 뒤에 드리운 그림자처럼 어두운 구석도 통일 신라에 없지 않았어.

통일 신라의 그림자

먼저 귀족들이 누리는 사치스러운 생활이 나라를 어렵게 만들었어. 귀족들은 권력을 이용하여 백성들이 가진 논밭을 빼앗기 일쑤였고, 가난한 백성들에게 곡식을 빌려 주고 높은 이자를 받아 챙겼으며 이자를 갚지 못하면 노비로 삼아 버렸지. 이런 일들이 되풀이되면서, 몇 되지도 않는 귀족들이 나라 살림을 몽땅 차지하게 됐어.

8세기 후반, 신라는 온통 귀족들의 나라가 되고 말아. 심지어 귀족들은 왕을 죽이고 자기네 맘에 드는 왕을 새로 앉히는 일도 서슴지 않게 됐어. 신라 왕실은 힘을 잃고 귀족들과 함께 사치 놀음에 빠져들어갔지. 왕실과 귀족들은 백성들을 쥐어짜 배가 부르니 일을 하지 않고, 백성들은 입에 풀칠하기 바쁠 뿐 다른 일에는 의욕을 내지 않으니…… 나라 꼴이 어떻게 되어 갈까?

신라는 점점 삼국을 통일했던 기상과 그 빛을 잃어 가기 시작했어. 귀족들이 이렇게 막강한 힘을 가질 수 있었던 데는 까닭이 있었으니, '골품 제도'라는 신분 차별 제도 때문이야. 골과 품으로 신분을 나누어 성골과 진골만이 왕실과 귀족 사회를 이루었고, 6두품 이하 귀족들은 비록 일반 백성보다 높은 신분이기는 하지만, 능력이 뛰어나다 한들 진골 이상이 누리는 지위를 갖기 힘들었지. 이렇듯 능력보다 신분을 앞세우니 많은 인재들이 아까운 재주를 그냥 썩히는 경우가 많았어.

물론 이런 신분 차별은 신라뿐 아니라 당시 모든 나라가 마찬가지였고, 인류가 문명을 이루고 역사를 시작한 이래 수천 년을 이어 오다 19세기 후반에 와서야 점점 사라지게 된 것이니 특별히 신라만 못나게 느낄 일은 아니야. 그렇다고 안타까운 마음이 사라지는 건 아니지. 오히려 그러한 가운데에도 나라를 위하고 백성을 사랑하는 마음으로 온 힘을 바쳤던 사람들로부터, 교훈을 얻고 우리 민족의 자랑스러움을 느끼는 것, 이것이 바로 역사책을 읽는 또 하나의 보람 아니겠니?

지금 소개하려는 인물도 그런 훌륭한 신라인 가운데 한 분이셔. 이름은 들어 봤니? 장보고! 풍운아 장보고, 또는 해상왕 장보고라고도 불리는 이 사람은, 시대를 앞서 가는 지혜와 나라와 백성을 사랑하는 마음, 그리고 용맹함이 뛰어나 우리 모두가 본받아 마땅한 큰 인물이란다.

신라, 천 년 역사의 막을 내리다

장보고 못지않게 신라인으로서 당나라에 이름을 크게 떨친 이가 있었으니 대문장가 최치원이란 분이야. 12살 때 당나라로 유학을 떠나 18살에 빈공과(당나라에서 외국인을 대상으로 하는 과거 시험)에 합격할 정도로 뛰어난 인재였어. 879년, 당나라에서 황소란 자가 난을 일으켰을 때 최치원이 그를 꾸짖는 글을 썼는데, 그 글이 어찌나 생생하던지 황소란 자가 읽다가 그만 엉덩방아를 찧고 말았다는 유명한 일화가 전해 내려와. 884년, 그가 28살 때 신라로 돌아왔는데 이번엔 글쎄 이 분이 엉덩방아를 찧고 말았대. 왜 그랬냐 하면 그리던 조국 신라 꼴이 말이 아니었기 때문이야.

나라 곳곳에 도둑이 들끓고 굶주린 백성들이 무리를 지어 난을 일으키기도 하는데 경주에 있는 신라 왕실과 귀족들은 성 안에만 들어앉아 나 몰라라 하고 있었어. 군사들을 내몰아 백성들 것을 빼앗기만 하지 백성을 살리려는 노력은 꿈도 꾸지 않으니 신라는 이미 나라이기를 포기한 것이나 다름없었어.

지방마다 넓은 땅을 가진 세력가들이 수령 노릇을 하는데 그들을 호족이라 불러. 호족들은 도적들로부터 고을을 지키기 위해 군사들을 따로 키우고 세금도 따로 거두었어. 왕실과 귀족이 왕위 다툼과 사치 놀음에 빠져 점점 힘을 잃어 가는 동안 호족들은 각자 나름대로 힘을 기르고 있었던 거야. 그 가운데 힘센 호족이 다른 호족들을 끌어들이고 혹은 무력으로 눌러서 세력을 불리기도 했으니, 900년 완산(지금의 전주)에서 견훤이 세력을 모아 스스로 왕이라 칭하며 후백제를 세웠고, 1년 뒤 송악(지금의 개성)에서는 궁예가 후고구려를 세웠어.

최치원은 신라가 이 지경에 이르기 전에 왕에게 여러 가지 건의도 하였지만 귀족들은 관심을 두지도 않았지. 최치원은 너무 실망하여 가족을 데리고 해인사로 들어가 버렸어. 그가 지은 '계원필경'이란 문집은 지금 가장 오래 된 한문학책으로 남아 있지. 최치원과 같이 당나라에 유학 갔다 온 최승우와 최언위라는 이는 신라에 실망한 나머지 오히려 신라를 무너뜨리는 일에 앞장을 섰어. 최승우는 후백제 견훤의 책사로 들어갔고 최언위는 궁예 아래서 세를 불리던 왕건의 사부가 되었어.

이제 통일 신라는 사실상 끝이 난 거야. 다만 경주의 신라로만 남아 있을 뿐이지. 완산의 후백제, 송악의 후고구려와 합쳐서 이 때를 후삼국 시대라 불러.

통일되었던 우리 겨레가 다시 갈라지고 말았어. 하지만 900여 년 전 삼국 시대가 처음 시작할 무렵과 이 시대는 많은 차이가 있지.

먼저 백성들 사이에 이제는 같은 민족이라는 생각이 깊게 박혀 있었어. 당나라에 대항하여 함께 싸워 본 경험이 있잖아?

또 중국이나 일본과 교류가 잦아지며 세상 보는 눈도 넓어졌고 불교의 영향으로 스스로를 귀하게 여기게도 되었어.

이제 백성들은 왕들이 벌이는 정복 전쟁에 무턱대고 내몰리지 않아. 적어도 누가 자신들에게 이로운 왕인지를 가려낼 수 있게 되었다는 거야.

후삼국끼리 벌이는 전쟁에서 승자가 되려면 무엇보다 백성들의 인심을 얻지 않으면 안 되었어. 망해 가는 신라는 세금을 거둘 수 있는 땅마저 줄어들어 그나마 남은 백성들만 들들 볶아야 했기에 더욱 인심을 잃어 갔어. 후백제와 후고구려는 신라와 달리 점점 세력을 넓혀 갔어.

이때 백성들을 이끄는 세력이 호족이라 누구든 호족으로부터 지지를 받아야만 백성들의 인심을 얻고 세력을 키울 수 있었어. 특히 궁예를 몰아내고 나라 이름을 고려로 바꾼 후고구려 출신 왕건은 이 호족들과 잘 지내려고 많은 공을 들였어. 여러 호족의 딸들과 잇따라 혼인을 하기도 했지. 반면에 후백제 견훤은 무력을 앞세워 호족들을 끌어들였어.

고려와 후백제 사이에서 눈치를 보던 신라는 어쩔 수 없이 항복을 해야 할 최후의 순간이 오자 고려를 택했지. 935년 신라 경순왕은 왕건에게 나라를 고스란히 들어 바치고 말아.

박혁거세가 나라를 세운 지 992년 만의 일이야.

발해를 꿈꾸며

9세기 초, 가장 넓었던 발해의 영토

이제야 처음 글에 올리지만, 통일 신라와 거의 비슷한 시기에 세워졌고 비슷한 시기에 사라졌던, 우리 겨레가 세운 또 하나의 나라가 있었어. 옛 고구려 땅을 대부분 차지하고 있던 당나라와 싸워 그 땅을 되찾아 가며 세워진 나라야. 나라를 세운 이는 대조영이라고 하는 고구려 출신 장군이었고 발해를 다스렸던 지배층 또한 거의 고구려인이었지만 백성들은 고구려인과 북방 민족인 말갈인이 섞여 있었어. 이 때문에 현재 중국이나 일본, 러시아의 역사가들은 발해를 북방 소수 민족의 역사라고 이야기하기도 해. 하지만 발해는 고구려 옛 터와 풍속을 이어받아 나라를 세웠음을 스스로 밝혔듯이, 우리 민족 역사의 한 자락이며 우리 겨레가 세운 나라임에 틀림없다고 봐야 돼. 699년 세워진 발해는 9세기 초에 이르러 남으로 대동강까지 영토를 넓히고 신라와 국경선을 맞대었지. 초기엔 당이나 신라와 영토 싸움을 벌이기도 했지만 이때에 이르러서는 서로 무역도 하고 사신들도 오가며 평화롭게 지냈어. 삼국을 통일한 신라와 고구려 옛 백성이 세운 발해가 함께 있었던 이 시대를 '남북국 시대'라고 부르기도 해. 하지만 아쉽게도 926년, 북방에서 새롭게 일어난 거란인들이 쳐들어와 발해를 무너뜨리고 말아. 발해인들은 그때 왕건이 세운 고려로 도망쳐 왔고, 왕건은 이들을 '친척의 나라'에서 왔다 하여 기꺼이 맞아들였지. 드넓은 북방 대륙, 부여와 고구려의 옛 터전 그리고 발해가 이어받았던 그 땅을 이로써 영영 되찾지 못하게 되었지.

발해가 사라지고 천 년 후, 지금 우리 민족은 다시 남북으로 갈라져 있어.
그 옛날 발해와 신라가 기어이 합쳐지지 못하여 많은 걸 잃었듯이,
지금 우리 민족은 서로 갈라진 채 많은 것을 잃어 가며 살고 있어.
그래서일까? 어느 가수는 발해를 꿈꾸며 통일을 노래하기도 했어.

"진정 나에게 단 한 가지
소망하고 있는 게 있어
갈려진 땅의 친구들을
언제쯤 볼 수 있을까,
망설일 시간에 우리를 잃어요……."
- 서태지와 아이들, '발해를 꿈꾸며' 중에서

온 백성이 원한 하나의 나라

고려 시대

우리 나라를 영어로 무엇이라 하는지 알지? 그래, '코리아' (Korea). 코리아는 고려라는 이름이 해외로 널리 알려지면서 얻게 된 우리 나라 이름이야. 자랑스러운 이름 코리아를 물려 준 고려가 신라와 후백제를 통일하게 되면서 한반도에 살아가 던 사람들은 다시 하나의 나라에 살 수 있게 되었지. 하나의 나라에 사는 백성들은 하나의 겨레라는 생각을 더욱 깊게 가 질 수 있게 된 거야. 그리고 이러한 생각이 밑거름이 되어 고 구려, 백제, 신라의 다양한 문화가 조화롭게 어울려 새로운 민 족 문화의 바탕이 되었어.
"오~~~! 필승 코리아!"

온 백성이 원한 하나의 나라

나라와 민족의 역사도 너희처럼 나이를 먹으며 자란다고 한 말, 생각나니?

고려로 넘어오면서 우리 역사의 나이도 어느덧 3,000살을 훌쩍 넘어섰어. 수십만 년에 걸친 원시 시대와 3,000여 년에 걸친 역사 시대를 지나 고려가 세워졌을 때, 우리 역사는 좀 더 발전된 새로운 모습으로 자라나 있었단다.

지난 20세기 초, 일본이 우리 나라를 강제로 빼앗고 식민지로 삼았던 때가 있었어. 그때 일본 역사학자들은 일본이 우리를 지배하는 게 옳은 일이라며 많은 억지 주장을 늘어놓았어. 그 가운데 하나가 '고조선 이래 조선의 역사는 조금도 자라지 않았다.'는 것이야.

삼국 시대 때, 우리 민족이 여러 가지로 돌보아 주었기 때문에 겨우 역사 시대를 시작할 수 있었던 일본이 이런 말을 하다니! 지나가던 소가 웃을 일 아니냐? 굳이 이런 사실을 들먹이지 않더라도 우리 역사가 꾸준히 발전을 해 왔다는 것은 분명한 사실이야.

서양에서는, 사람들이 고대에 비해 조금 더 자유롭게 살게 되었지만 근대보다는 덜했던 시대를 가리켜 중세라고 해. 우리 역사에서 중세는 바로 고려 시대란다.

억지로 남의 물건을 빼앗는 강도처럼, 일본은 힘을 앞세워 우리 나라를 빼앗았어. 그 범죄 행위를 숨기려고 일본은 이런 억지 주장을 늘어놓는 거란다. 이런 걸 두고 '역사 왜곡'이라고 하는 거야. 우리가 우리 역사를 제대로 알지 못하면 이런 거짓말에 속아 넘어갈 수밖에 없어.

거짓말에 속는 바보가 되고 싶진 않겠지?

자, 같은 민족끼리 피 흘리고 다투어야 했던 정복 전쟁을 완전히 끝내고, 온 백성이 원한 하나의 나라를 이룬 고려.

새로운 나라, 새로운 사회 고려는 과연 어떤 모습이었을까?

더 이상 알에서 깨어난 왕은 없다

새로운 사회

신라가 고려에 나라를 들어 바친 이듬해, 후백제 또한 고려에 항복을 하고 말아.

936년, 후삼국으로 갈리었던 우리 겨레는 다시 하나가 되었어. 신라에 이어 두 번째로 고려가 민족 통일 국가를 세운 거야. 그런데 고려는 이제껏 있어 왔던 나라들과는 전혀 딴판이었어. 나라 이름만 바뀌고 왕족의 혈통만 바뀐 게 아니라 갈 그대로 새로운 나라가 세워진 것이지.

태조 왕건은 개성 근처에서 대대로 장사를 하던 상인 집안 사람이란다. 하늘에서 내려오거나 알에서 깨어난 인물이 아냐. 이를테면 개성 근방에서 힘을 쓰던 호족이었단 말이지. 그 자신이 호족이었고 다른 지방 호족들의 도움을 받아 고려를 세운 왕건은 나라를 다스리는 일도 전국 각지의 호족들과 함께했어. 왕과 귀족들이 경주에만 틀어박혀 권력을 독차지하고 있던 신라와는 달랐지.

또 고려라는 나라 이름에서 알 수 있듯이 고구려 뒤를 이었다는 생각이 많았어.

그래서 고구려 수도였던 평양을 서경(서쪽 서울)이라 하고 매우 중요하게 여겼지. 왕건은 서경에 학교를 세웠고 훗날 모든 왕들은 서경을 자주 찾아봐야 한다는 유언까지 남길 정도였어.

이것은 단지 고구려 이름만이 아니라, 고구려 옛 땅을 되찾아 그 기상을 잇겠다는 의지를 나타낸 거라고 봐.

왕건의 뒤를 이어 그 아들 혜종, 정종, 광종이 차례로 왕위에 올랐지. 광종은 호족들끼리 점점 경쟁이 지나쳐 세력 다툼이 일어나고 그로 인해 나라가 어지럽다며, 많은 호족을 반란죄로 잡아들이고 죽이기도 했어. 그러는 한편 과거 제도를 받아들여 시험을 통해 국가 관리를 뽑도록 했지. 그 동안 특권을 누리던 호족들은 싫어했지만, 노비만 아니면 누구나 시험을 볼 수 있었기 때문에 많은 사람이 좋아했어. 완전히 평등한 시험 제도는 아니었지만, 신라 때 골품 제도를 생각하면 참으로 획기적인 일이었지.

태조 왕건의 손자인 성종(981~997년) 때에는 왕실이나 호족 모두가 나라를 위해 힘을 모아야 한다는 의견이 있었어. 나라를 다스리는 데 있어 왕을 중심으로 신하들이 힘을 모으되, 왕 또한 신하들의 의견을 존중해야 아래 백성들이 편안하고 나라가 튼튼해진다는 것이지. 물론 아직은 '나라의 주인이 백성이다.'라는 생각은 이 세상 누구에게도 없었을 때야.

새로운 나라 고려는 이렇게 하나하나 그 틀을 잡아 나갔어.

강력한 민족 국가를 꿈꾸다

태조 왕건 때 일이야. 발해를 멸망시켰던 거란이 고려에 사신을 보내 왔어.

942년, 거란 사신 30명이 낙타 50마리를 선물로 가지고 고려로 찾아왔어. 고려와 친하게 지내자는 뜻을 알리러 온 것이지. 이때 왕건은 어떻게 했을까?

거란 사신 30명을 멀리 섬으로 귀양을 보내 버렸고 낙타 50마리는 다리 밑에 묶어 놓고 굶어 죽게 하였어. 죄 없는 낙타만 불쌍하게 되었지만, 참 의리 한번 대단하지?

왕건이 후고구려를 이어 고려를 세웠고, 그 먼 조상이 고구려 백성이었을 것으로 짐작은 되지만 고려는 전혀 새로운 나라임이 분명해. 더구나 고구려가 망한 지도 이미 300년 가까이 지났어. 그럼에도 불구하고 이렇듯 옛 고구려와의 의리를 내세우는 것은 뭘까? 왕건이 보여 준 그 의리라는 것은 바로 '민족 의식'이야. 역사를 통해 민족이 하나란 사실을 이미 깨닫고 있는 거지. 이 '민족 의식'이야말로 외세의 힘을 빌리지 않고 민족 통일을 이룬 '고려의 힘'이라 할 수 있어. 이 민족 의식이 고려를 위기에서 구한 일도 있었어.

993년 10월, 성종 때 고려는 최초로 커다란 위기를 맞게 돼. 힘을 키운 거란이 80만 대군을 이끌고 고려로 쳐들어온 거야. 고려 신하들 가운데에는 겁에 질려 항복을 하자는 이도 있었지만 서희가 나서서 이를 말렸어. 싸워 보지도 않고 항복할 순 없다는 거였지. 성종도 서희의 편을 들어 군사를 내주었어.

서희는 군사를 이끌고 나가 일단 물밀듯 내려오는 거란군을 멈추게 했어.

그리고 거란 장수 소손녕에게 전령을 보내 이번 전쟁이 옳은지 그른지를 만나서 따져 보자고 했지. 거란은 중국과도 전쟁을 해야 할 형편이라 무리하게 고려와 전쟁을 벌일 수 없음을 서희는 미리 짐작하고 있었던 거야.

당당하게 민족의 역사를 들이대며 따지는 서희에게 거란 장수 소손녕은 말문이 막혔어. 거란은 고려를 치러 왔다가 오히려 압록강 부근의 땅을 고려에게 내주고 물러났지. 그 뒤로 거란은 두 차례 더 고려를 침략해 왔으나 이때는 강감찬 장군이 맞서 싸워 무찔렀지. 내려치는 벼락을 손으로 잡아 쪼갰다는 황당한 전설이 있을 정도로 강감찬 장군은 용감한 장군이었나 봐.

하지만 이때 고려는, 10만 거란군에 20만 군사로 맞설 만큼 이미 국력이 강했다는 사실도 새기고 넘어갈 일이야.

1107년에는 고려 장수 윤관이 북쪽의 여진족을 몰아내고 고려 국경을 북으로 더 넓혔어. 나중에 살 곳이 없다고 사정하는 여진족들에게 그 땅을 되돌려주기도 했지만, 민족의 옛 땅을 되찾으려는 노력은 고려 역사 내내 쭈욱~ 계속되었지.

서희, 강감찬, 윤관 모두 과거 시험을 통해 국가 관리가 된 사람들이야.

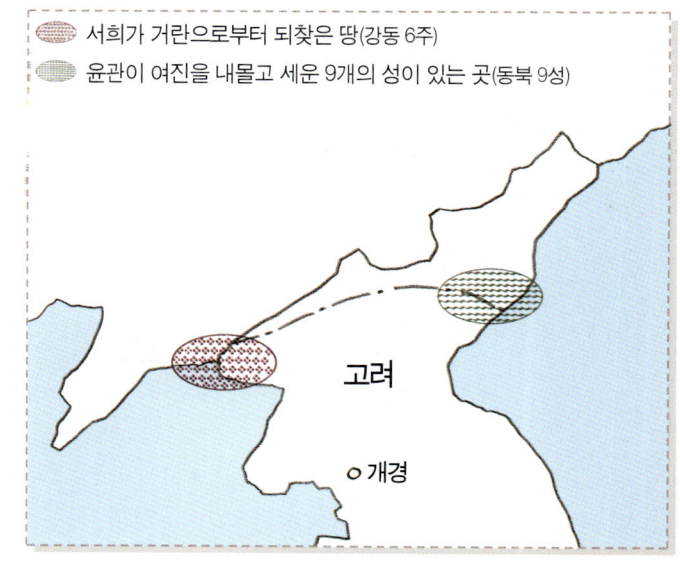

왕과 귀족의 씨가 따로 있으랴!

모든 백성이 다 잘살 수 있으면 좋으련만

나라가 세워진 지 100년이 넘어서면서 고려 사회는 모처럼 평화로운 시절을 맞이했어. 중국 송나라나 거란과도 외교 관계를 새로 맺었고 멀리 아라비아나 일본과도 활발한 무역 거래를 하며 친하게 지냈지. 나라 밖이 평화롭다 보니 나라 안도 이모저모 발전해 갔어. 과거 시험으로 관리를 뽑기 때문에 학교도 많이 세워졌어. 국자감(지금의 국립 대학) 말고도 고을마다 관학(공립 학교)이 세워졌고, 이름난 학자들은 스스로 사학(사립 학교)을 세워 많은 학생들을 가르쳤지.

빼어난 예술품도 많이 나왔어. 세계적으로 유명한 고려청자나 금으로 새긴 불경, 불화들은 다른 나라가 감히 흉내 낼 수 없을 정도였지. 농사 기술이나 농사지을 땅도 나날이 늘어나 전보다 훨씬 많은 곡식들이 생산됐어. '이리하여 고려 백성이면 누구나 다 잘 먹고 잘살게 되었대……' 라고 하면 좋겠지만, 안타깝게도 그리 되지는 않았어.

역시 귀족들의 욕심과 사치스러운 생활이 문제였지.

청자로 만든 기와로 지붕을 얹고, 청자 술병에 청자 찻잔, 청자로 만든 바둑판까지, 거기에다 금 칠한 그림으로 벽을 꾸미고 몸에는 비단을 둘렀으니 귀족들의 생활이란 호화롭기 그지없었어. 스스로 땀 흘려 일하여 이런 사치를 누렸다면 모르겠으나 이들은 권력을 내세워 백성들을 쥐어짜 그랬던 거야.

또 부와 권력을 집안 대대로 누리기 위해 귀족들은 법까지 바꾸었어. 귀족 집안 아들들은 과거를 보지 않고도 벼슬을 할 수 있게 하였고, 백성들로부터 마구 빼앗은 논밭이나 나라로부터 잠시 빌린 논밭을 자자손손 물려줄 수 있게도 했지. 나라와 백성보다 자기 집안을 더 위했다 하여 이들을 '문벌 귀족'이라고 불러.

고려가 세워진 지 200년 가까이 된 1126년, 문벌 귀족의 이런 횡포를 보다 못해 왕(인종)은 문벌 귀족 가운데 우두머리 격인 이자겸을 벌주려 했으나, 도리어 반란을 일으킨 이들에게 목숨을 위협받고, 궁궐이 불태워지는 수모를 겪게 돼.

다행히 자기네끼리 내분이 일어나 반란은 곧 잠재워졌으나, 잘 되어 가는 듯했던 나라꼴이 영 말이 아니게 되었지.

다시 새로운 고려를 꿈꾸다

이때, 고려를 처음 세울 당시의 정신을 되살려야 한다는 주장이 나왔어. 마치 신라가 망할 때처럼 나라 안에서 서로 다툴 게 아니라, 온 민족이 하나로 뭉쳐 나라도 새롭게 추스르고, 중국과 맞서 고구려 옛 땅도 되찾자는 거야.

그러기 위해서 수도를 서경(평양)으로 옮겨야 한다는 주장이었지. 이런 주장은 주로 과거를 통해 관리가 된 지방 출신 사람들로부터 나왔지만, 왕이나 백성들도 다 옳게 여겼지.

다만 개경에서 권세를 누리던 문벌 귀족들은 매우 못마땅해했어. 그 주장에는 순수한 뜻만 있는 게 아니라 문벌 귀족들인 자신들을 몰아내고, 서경 귀족들이 권력을 차지하려는 속셈이 들어 있다고 본 거야. 또 중국과 전쟁을 하기보다는 예를 갖추어 주고 평화롭게 지내는 게 더 낫다고 여겼기 때문에 더더욱 서경으로 수도를 옮기자는 주장에 반대했지.

이런 반대에도 일리가 있다고 여기고, 왕은 서경으로 수도를 옮기는 일을 포기했어.

일이 이렇게 되자, 승려 묘청을 중심으로 이 주장을 펴던 서경 귀족들이 들고일어났지. 이들이 서경에 모여 따로 나라를 세워 버린 거야. 그런데 나라 이름은 새로 지었지만 왕을 새로 모시지는 않았어. 왕이 자신들의 뜻을 알아주고 서경으로 와 줄 것을 바랐기 때문이야.

하지만 왕은 군사를 보내 이들을 다 잡아들이도록 했어. 묘청과 서경 귀족들은 이때 목숨을 잃거나 관군에 항복을 하였어. 그렇지만 서경에 있던 백성들은 뜻을 굽히지 않고 저항하다 1년이 지난 뒤에야 진압을 당했지.

어찌 보면 역사 속에서 흔히 있어 왔던 권력 다툼과 크게 다를 게 없어 보이기도 해. 그러나 권력보다는 나라를 새롭게 하자는 뜻을 앞세웠고, 그 뜻을 옳게 여긴 백성들이 귀족들보다 더 적극적으로 나섰다는 점이 다른 사건과는 사뭇 달라.

비록 이루어지지 않았지만, 어지러워진 나라를 다시 새롭게 바꿔 보려고 많은 사람이 함께 꿈을 꿨던 이 사건을 요즘 중·고등학교 교과서에서는 '운동'이라고 부르고 있어.

묘청의 서경천도 운동.

어진이가 가장 궁금한 것!

묘청과 맞섰던 김부식

묘청이 새로운 세력을 대표한 인물이라면, 김부식은 문벌 귀족의 대표라고 할 만하지. 신라 왕실의 후손인 김부식은 정치가이면서 뛰어난 유학자이고 역사 학자이기도 해. 1135년 국왕을 설득하여 묘청 세력을 몰아내는 데 성공한 뒤, 김부식은 두루 높은 벼슬을 거쳤어. 1145년, 삼국 시대와 통일 신라의 역사를 다룬 책 〈삼국사기〉를 펴냈지. 모두 50권으로 된 이 역사책은 〈삼국유사〉와 더불어 우리 나라에 전해 내려오는 가장 오래 된 역사책이야. 이 책을 지을 때, 김부식의 나이는 70이 넘은 고령이었어.

이제는 무신들 차례?

묘청이 벌였던 서경천도 운동이 실패한 후, 고려는 다시 문벌 귀족이 판치는 세상이 되었어. 문벌 귀족들은 기름진 논밭과 좋은 벼슬을 다 차지하고 왕과 맞먹는 권력을 누렸지.

이때 고려왕이었던 의종(1146~1170년)은 사흘이 멀다 하고 잔치를 벌이며 문벌 귀족들과 어울려 놀기만 좋아했어. 백성들이 뼈빠지게 일해 농사도 짓고, 청자도 굽고, 비단도 짜고 하면 왕실과 문벌 귀족들은 그것들을 다 빼앗아 가 자기네 놀음에만 써 버리는 거야. 당연히 백성들은 불만이 쌓여 갔지.

그런데 같은 귀족이지만 저들이 누리는 사치 놀음을 매우 못마땅히 여기는 사람들이 있었어. 바로 군사를 지휘하는 무신들이야. 문벌 귀족들은 평소 무신들을 아주 업신여겼지. 북쪽 국경이나 남쪽 바닷가를 지키며 고생하는 군인들을 나 몰라라 했고, 궁궐에 있는 군사나 장군들도 그저 자기네 호위병 정도로 여겼어. 심지어는 술자리에 불러 무술 시범을 보이게 하며 여흥거리로 삼기도 했지.

무신들은 의종의 동생을 새 왕으로 내세웠으나, 그 왕은 허수아비와 같았고 문벌 귀족들은 모두 죽거나 도망쳐 버려, 이제 군인들이 모든 권력을 손아귀에 넣었어. 이로써 고려는 나라가 세워진 지 약 250년 만에 그 판도가 왕창 바뀌었지. 그러나 세상이 바뀌었다 해도 백성들은 여전히 고달프기만 했어. 무신들이 거사를 벌인 건 잘못되어 가는 나라를 바로 잡자는 게 아니라, 자신들도 권력을 한번 잡아 보자는 심보였기 때문이야.

오랫동안 문벌 귀족에게 시달렸던 고려 백성은 이제 무신들에게 시달림받아야 하는 처지가 되고 말았을 뿐이야.

백성들도 인간이다. 인간답게 살아보자!

문벌 귀족을 물리치고 권력을 잡은 무신들은 곧이어 자기네들끼리 권력 다툼을 벌였어. 정권을 틀어쥔 무신들은 권력을 지켜 내기 위해 더 많은 군사를 필요로 했고, 그를 위해 더 많은 세금을 거둬야 했어. 혼란스런 나라꼴과 아주 무겁게 메겨지는 세금 때문에 백성들은 예전보다 훨씬 더 큰 고통 속에 살아가야 했지.

이제는 견디다 못한 백성들이 들고일어나기 시작했어. 전국 각지에서 농민들이 스스로 군대를 만들어 못된 관리들을 혼내 주거나, 부자들의 재물을 뺏어 가난한 사람들에게 나누어 주는 일이 숱하게 벌어졌어. 특히 신분이 낮다고 차별받아 온 천민들은 아예 왕실을 갈아엎고 차별을 없애겠다고 거세게 들고일어났지.

숫자도 적고 훈련도 받지 못한 농민군은 차례차례 관군들에게 진압당했지만, 빼앗긴 권리를 되찾고 잘못된 나라꼴을 되잡겠다고 백성들 스스로 나선 것은 고려 사회가 보여 주는 또 하나의 새로운 모습이야.

약 30년에 걸쳐 무신들끼리 권력을 두고 치고 박다가, 1196년 최충헌이란 무신이 정권을 잡았어. 이후로 최씨 일가는 왕을 6명이나 갈아 앉히며 대를 이어 고려를 지배하게 돼.

그가 처음 정권을 잡았을 때는 태조 왕건의 뜻을 받들어 고려를 다시 일으키겠다고 했으나 얼마 안 가 다른 무신들처럼 제 욕심만 채우려 들었어.

이때 그 집 노비 가운데 만적이란 자가 다른 노비들과 힘을 모아 무신 정권을 몰아내려 한 사건이 있었어. 거사 직전에 탄로 나 100명이 넘는 노비들이 손발이 묶인 채 강물에 던져지는 참혹한 처형을 받았지만, 일찍이 우리 역사에서 볼 수 없었던 노비들의 신분 해방 운동이었다는 점에서, 우리는 이 사건을 통해 고려 사회가 성장하고 있음을 알 수 있어.

노비도 다 같은 사람인데 짐승만도 못한 취급을 받아선 안 된다며 그가 외쳤던 말은 지금에 와서 볼 때 시대를 몇백 년은 족히 앞섰던 것이었어.

코리아?···코리아!

고려의 새로운 모습을 이야기할 때 활발했던 해외 무역을 빼놓을 수 없어. 개경 가까운 곳에 있는 벽란도란 나루터는 마치 신라 시대 청해진처럼 국제 무역항이었지. 송나라나 일본은 물론이고 북방 민족인 거란이나 여진 사람들도 장사를 하기 위해 이곳을 찾아들었고, 멀리 아라비아와 서역 상인들까지도 이곳에 와서 무역을 하였어. 이 외국 상인들이 고려에 와서 사 간 것은 인삼, 금, 은, 자기, 종이, 면포 따위였어.

그들은 고려에게 나름대로 자기네 특산물들을 팔았지.

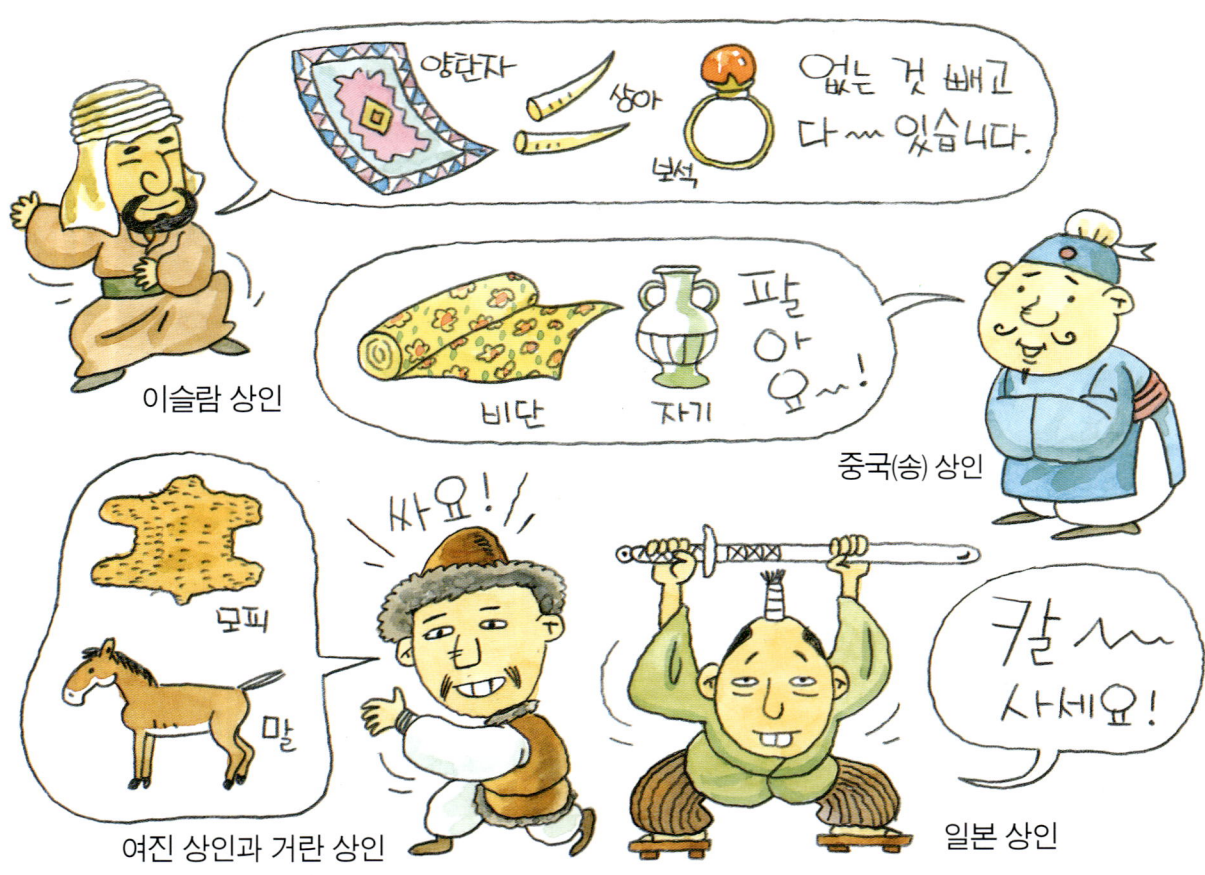

고려의 수도 개경에는 이런 물건들을 파는 유명 상점과 외국 상인이 머무는 객관(요즘의 호텔)이 많았다고 해. 고려 사람들이 지어 부른 노래 가사에 보면, 아예 개경에 눌러앉아 장사를 하는 아라비아 사람이나 중국 사람도 있었음을 알 수 있어. 개경(開京)은 말 그대로, 세계로 열린 서울이었던 셈이야.

이렇듯 정부가 나서서 활발히 무역을 한 예는 대한민국 이전 우리 역사에서 고려 말고는 없었어. 이 덕에 고려라는 이름은 해외로 널리 알려졌고, 그때 알려진 것이 지금의 나라 이름 코리아(Korea)가 된 것이야. 우리는 지금 남북한으로 갈라져 있지만 외국 사람에게는 여전히 하나의 이름 코리아, 즉 1,000년 전 온 민족이 함께 세운 나라, 고려란 이름으로 불리고 있는 것이지.

고려가 벌인 해외 무역은 이리도 활발했지만 사실 백성들에게는 아무 도움이 되질 못했어. 고려가 수출하는 자기나 면포, 금, 은, 따위는 '～소'라고 불리는 천민들이 모여 사는 곳에서 만들어졌지만, 천민들은 나라에서 시키는 대로 만들기만 할 뿐 아무것도 가질 권리는 없었지. 정부는 이 물건들을 팔아 많은 것을 사들였지만, 앞쪽에 있는 수입 품목을 보면 알 수 있듯이 거의 모두 귀족들이나 쓸 수 있는 사치품들이었어.

지금처럼 활발한 무역을 통해 나라 경제가 튼튼해지고 국민들이 잘살게 되는 사회라면 좋았겠으나 앞서 말했지만 아직 고려는 그런 사회가 아냐. 요즘 같은 민주주의 국가가 되려면 한참 더 세월이 흘러야 돼. 우리뿐 아니라 세계 어느 곳을 가나 사정이 비슷했고.

어쨌든 해외를 향해 나라를 열고 활발히 무역을 벌였던 고려는 분명 우리 민족이 일찍부터 세계를 상대로 살아왔다는 사실을 잘 보여 주고 있지. 비록 뒤이은 조선 시대에 와서 500년 동안 나라를 닫고 있었지만, 고려 상인의 활발한 기상은 조선 시대 개성(개경) 상인으로까지 이어졌고 오늘 우리에게까지 이어져 구제 금융 시기(I.M.F. 시기) 같은 경제 위기도 잘 넘길 수 있었다고 봐.

어진이가 가장 궁금한 것!

코리아는 고려, 중국은? 일본은?

중국은 전 세계에 '차이나(China)'라는 이름으로 알려져 있어. 이 이름은 기원전 3세기에 세워진 '진(Chin)'에서 따온 이름이야. 진나라 때에 와서 중국 최초의 통일 왕조가 생겼는데, 그때 비로소 나라의 이름이 멀리 알려진 거지. 일본은 '재팬(Japan)'이라는 이름으로 알려져 있지. 이것은 일본(日本)이라는 한자어를 당시 중국에서 "지푼"이라고 부른 것에서 시작해. '지푼'이 '재팬'이 된 거고. 일본을 영어로 '니폰(Nippon)'이라고 부르기도 하는데, 이건 일본인들이 자기 나라를 부를 때 쓰는 소리 그대로를 영어로 표시한 거야.

거센 '몽골 바람'이 불어 닥쳤을 때

바람 앞에 등불로 선 고려

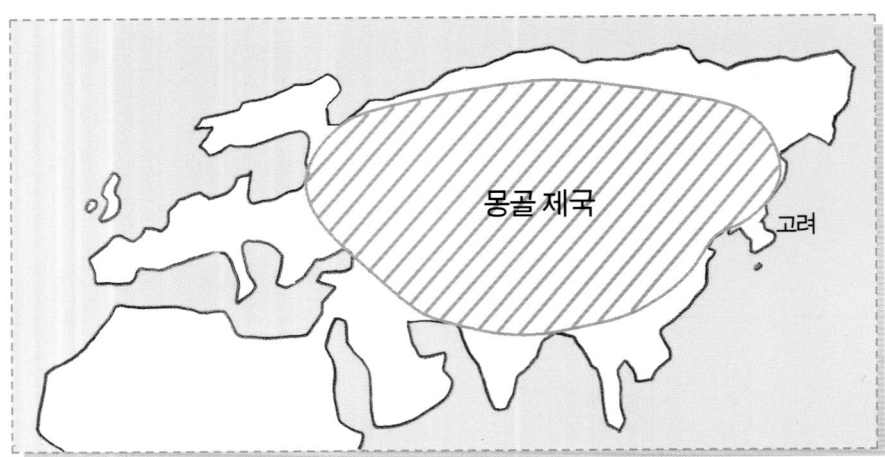

■ 세계 역사상 가장 넓은 땅을 차지했던 몽골 제국.

13세기 초 세계를 발칵 뒤집어 놓은 대사건이 일어났어. 칭기즈칸이 이끄는 몽골 군대가 우리 나라 북방과 중국 대륙을 휩쓸더니 서역까지 쳐들어갔고, 그 아들들이 대를 이어 러시아 대륙과 인도, 아라비아를 휩쓸고 유럽 대륙 코앞에까지 진출하여 세계 역사상 가장 큰 제국을 이룬 거야.

지금의 몽골이야 아시아에서도 가난한 나라 축에 들지만, 그때 몽골은 모든 군사들이 날쌘 말을 타고 다니며 화살과 폭약을 능숙하게 다루는 세계 최강의 군사 대국이었어. 이런 몽골이 고려를 그냥 지나칠 리가 없지. 1231년 고려로 쳐들어온 몽골군은 1259년 고려 왕실이 완전히 항복을 하기까지 줄기차게 고려를 침입했어. 몽골과의 이 전쟁은 우리 역사상 모든 국토가 외적의 침입에 휩싸인 맨 처음 일이야. 첫 전투에 이긴 몽골은 고려에게 턱도 없이 많은 공물과 인질을 요구했어. 예를 들면 말 2만 마리에 금과 은을 실어 보내라 하고, 공주나 귀족의 자녀를 각 1천 명씩 인질로 보내라는 것 따위야.

고려가 이 요구를 들어주지 않자 몽골은 1232년 2차로 고려를 침입했어. 이때 처인성(지금의 용인)에서 고려 군사를 이끌고 싸우던 승려 김윤후가 활로 몽골군 지휘자인 살레타이를 쏘아 맞췄지. 장수를 잃은 몽골군은 어쩔 수 없이 후퇴를 했어. 그러나 1235년 몽골군은 다시 고려를 침입하여 4년 동안 온 국토를 들쑤셨고, 이때 경주 황룡사를 비롯한 많은 우리 문화재들이 불타 없어지고 말았어.

그 뒤로도 몽골 군사는 3차례나 더 침입을 하였고 그때마다 몇 년에 걸쳐 고려를 누비며 처절하게 짓밟았지. 1254년 6차 침입 때 몽골로 잡혀간 고려 사람만 267,000명에 이르렀다고 해. 1259년 고려 임금 고종이 태자를 몽골로 보내 그만 싸우기를 부탁했고, 몽골이 받아들여 전쟁은 일단락되었어. 하지만 그 후 100년 넘게 고려는 세계 최강 군사 대국 몽골에 덜미를 잡힌 채 살게 되었지.

이렇듯 거센 몽골 바람이 고려에 불어 닥쳤을 때 왕실과 귀족, 그리고 백성들은 저마다 어떻게 했을까? 그 가운데 누가 진정으로 나라의 주인 노릇을 했을까?

이때까지도 고려 임금은 허수아비에 지나지 않았고, 무인 최씨 일가가 여전히 모든 권력을 잡고 있을 때였어. 몽골군의 첫 침입 때, 화들짝 놀란 고려 정부는 서둘러 항복하여 일단 위기를 넘긴 뒤 어떡해야 할지 고민에 빠졌지. 당연히 겁에 질린 백성들을 다독거리는 한편 군사들을 모아 다음 침입에 대비해야 하는 것 아니겠어?

그런데 여러 의견이 분분한 가운데 고려 정부가 내린 최종 결정은 수도를 옮기는 거였어. 워낙 초원에서만 살던 몽골족인지라 바다에는 익숙하지 못하니 개경에서 그리 멀지 않은 섬 강화도로 정부를 옮기자는 거지. 이것은 '그저 도망가는 게 아니고 그곳에서 안정적으로 몽고를 물리칠 준비를 하겠다.' 는 뜻이라고 말하였지만, 그 후 일어난 일을 보면 그렇지 않아. 실제로는 도망친 거였지.

고려 실권자인 최우는 강화도에 호화로운 궁궐을 새로 짓고 데려간 백성과 군사들을 시켜 성을 쌓는 게 고작이었어. 그리고 왕과 귀족들과 더불어 40년 가까이 호화로운 생활을 편안히 즐겼을 뿐이야. 몽골은 강화도로 사신을 보내 육지로 나올 것을 윽박질렀으나 저들은 콧방귀만 뀌었지.

화가 난 몽골은 정부가 없어진 고려 국토를 맘 놓고 짓밟으며 분풀이를 해 댔어. 이때 고려 정부가 육지에 있는 백성들에게 내린 대책은 '숨어라!' 는 게 고작이었어. 세상에……! 이건 두말할 것도 없이 매우 비겁한 일이야. 나라를 사랑하고 백성을 위하는 마음으로 정권을 잡은 게 아니라, 오로지 권력을 즐기고자 정권을 잡은 사람들이었으니 어쩌면 뻔한 노릇이었기도 해.

하지만 고려는 이들만 사는 나라가 아니었어. 고려에는 나라와 민족을 지키고, 사랑하는 가족을 지키고자 하는 수많은 백성들이 살고 있었어.

고려를 지켜 낸 '백성들의 힘'

1232년 그리고 1253년 두 차례에 걸쳐 몽골군을 물리치고 성을 지켜 낸 곳이 있었으니, 다름 아닌 충주성이야. 개경으로부터 내려온 몽골군이 전라도나 경상도를 치러 가려면 이곳을 지나쳐야 했으나 두 번 패한 뒤로는 충주성을 겁내며 멀찍이 피해 다녔어.

충주성을 지켜 낸 군사는 과연 얼마나 막강한 특수 부대였을까? 고려 옛 기록 가운데 '충주성에 몽골군이 쳐들어오자 관리들은 모두 달아났고 오직 노비와 백성들만이 힘을 모아 싸웠다.' 라는 기록이 남아 있어. 평소 군사 훈련을 받지도 않았을 노비와 백성들로 이루어진 군대이니 과연 특수 부대이기는 한 셈이야. 이런 예는 충주성뿐만 아니라 전국 각지에도 많았어. 심지어 산적들까지도 몽골군과 싸우겠다고 나설 정도였지.

그러나 강화도로 도망친 최우와 그가 거느린 군사들은 전쟁 내내 단 한 번도 몽골군과 맞서질 않았어. 부처님의 힘을 빌어 몽골군을 물리치겠다고 팔만대장경을 만들어 낸 것이 고작 최우 정권이 한 일이야. 하지만 그마저도 최우 정권은 말로만 지시하고 돈만 댔을 뿐이지. 팔만 장의 나무판에 5,300만 자의 글자를 하나하나 정성껏 아로새긴 건 결국 백성들 몫이었어.

고려 정부가 강화도에서 나와 몽골에 백기를 들었을 때, 최씨 정권에 붙어 호위병 노릇을 하던 삼별초란 군대 가운데 일부가 몽고와 끝까지 싸우겠다며 육지로 돌아가길 거부했어. 십수 년에 걸쳐 진도와 제주도를 근거지 삼아 몽골군과 싸우다가 결국 진압되고 말았지만 백성들이 이들에게 힘을 실어 주지 않았다면 '삼별초의 항쟁'이란 것도 있을 수 없었을 거야. 몽골이 동서남북을 가리지 않고 전 세계를 상대로 전쟁을 벌였을 때, 고려만큼 오래 버틴 나라는 없었어. 또한 몽골에게 패한 뒤에도 나라 이름을 지킨 곳은 고려밖에 없어.

이렇게 될 수 있었던 건 바로 노비와 천민, 그리고 산적들까지 포함된 고려 백성들의 투쟁 덕분이지. 가족을 지키고 마을을 지키고자 죽기 살기로 싸운 백성들이 결국은 나라를 지켜 낸 거야.

전쟁이 끝난 뒤

고려 정부가 개경으로 돌아오면서 무인 정권 시대는 끝이 났지만 이때부터 100년 동안은 원나라의 간섭에 시달려야 했어. 원나라는 몽골이 송나라와 금나라를 멸망시키고 중국 대륙에 세운 나라야. 원나라는 고려를 마치 식민지처럼 다루며 많은 것을 빼앗아 갔고 이래라저래라 간섭이 심했어. 이 시기에 고려 왕들이 여섯이나 갈렸는데 모두 그 이름 앞에 '충'자를 붙였어. 원에 충성한다는 뜻인 게야.

일부 귀족들은 원에게 잘 보이려고 몽골 어를 배우거나 몽골 풍속을 따라하기도 했어. 이들은 원나라를 등에 업고 많은 권력과 부를 누렸고, 자기네들끼리 혼인 관계를 맺어 더욱 세력을 키워 나갔지. 이들을 '권문세족'이라고 해.

하지만 백성들은 전쟁이 끝났음에도 여전히 고달프기만 했어. 원나라에 바칠 사냥용 매와 인삼, 금, 은 따위를 모으는 일은 백성들 몫이었고, 이것을 가져다 바치며 생색을 내는 건 권문 세족들이었지. 권문 세족들은 백성들 땅을 빼앗아 자기네 농장으로 만들었으며, 땅을 뺏긴 백성들은 그들의 노비가 되어야 했어. '고려 백성 가운데 절반이 노비'라는 말까지 나돌 정도였으니, 원나라에 빌붙은 권문세족이 얼마만한 부를 누렸는지 짐작이 될 거야. 이들은 앞머리를 박박 밀고 뒷머리를 길러 댕기를 묶는 몽골식 변발을 하고 다녔고, 몽골에서 들여온 소주를 마셨으며, 몽골식 옷을 입고 이런 유행을 온 고려에 퍼뜨렸지.

하지만 고려 사람 모두가 이렇게 강대국 원나라 문화에 넋을 빼고 있지는 않았어. 1234년 세계 최초로 금속 활자를 발명했을 만큼 우수한 문화를 지닌 고려 사람들 아니겠어?

1285년 승려 일연은 〈삼국유사〉를 지었고 이승휴는 〈제왕운기〉를 펴냈지. 이 두 책은 모두 우리 민족의 역사를 다룬 책이야. 두 책 모두 김부식이 지은 〈삼국사기〉에서 빠졌던 단군 신화를 맨 앞에 다루고 있어. 이는 우리 민족이 중국 못지않은 오랜 역사와 전통을 지니고 있음을 강조하는 것이지. 외국의 간섭이 심한 이 무렵 이런 역사책이 나왔다는 건 무조건 강대국 눈치만 보며 사는 권문세족들에게는 따끔한 침 맛을 보여 주자는 것이요, 백성들에게는 우리 민족의 자랑스러움을 일깨워 힘을 주자는 뜻이었을 거라고 봐.

"바꾸자!" 새로운 바람이 분다

출신 가문이야 별 볼 일 없지만 과거 시험을 통해 관리가 된 사람들은 권문세족과 달리 백성들이 얼마나 어렵게 사는지 잘 알고 있었어. 이들은 가능하면 백성들에게 이익이 되는 쪽으로 나랏일을 이끌어야 된다고 생각했어. 그러려면 고려 사회를 새롭게 바꾸어야 했지. 〈삼국유사〉와 〈제왕운기〉를 지은 일연과 이승휴도 바로 이런 사람들 가운데 하나야. 이 밖에도 이색, 정몽주, 정도전 같은 '신진 사대부'들이 있었어.

14세기 들어와 원나라는 내부에서 반란이 일어나고 전쟁 때문에 돈을 많이 써 나라 살림이 매우 어려워졌어. 원나라 세력이 크게 약해지자 고려 임금 공민왕(1351~1374년)은 이때가 고려를 새롭게 할 기회라고 여겼어.

공민왕은 신진 사대부 출신 사람들을 신하로 뽑아 주변에 두고, 그 동안 원에 빌붙었던 권문세족들을 옥죄기 시작했어. 특히 '신돈'이라는 승려를 관직에 앉히고 큰 권한을 갖게 하여 개혁을 주도하게 했지. 권문세족이 가진 땅을 원래 주인에게 되돌려 주게 하였고, 노비가 된 사람들에게는 평민의 신분을 되돌려 주게 하였어.

이런 개혁에 백성들은 모두 손뼉을 치며 좋아했지만, 그 동안 권세를 누리던 귀족들은 극히 못마땅했지. 어느 사회에서든지 그 동안 이익을 누리던 사람들은 사회가 새롭게 바뀌는 것을 싫어해. 자기네 이익이 줄어들까 봐 개혁이 옳은 줄 알면서도 꺼려 하는 거지.

공민왕도 신돈과 신진 사대부와 힘을 모아 고려 사회를 개혁하려고 노력했지만, 그 동안 이익을 누리던 권문세족들의 맹렬한 저항에 부딪혀야 했어. 결국 신돈은 권력에서 밀려났고 공민왕은 사랑하는 왕비가 죽은 후 시름에 빠져 있다가, 권문세족의 음모인 듯한 의문의 암살을 당하고 말아.

고려는 다시 권문세족이 활개 치는 세상이 되고, 백성을 위한 개혁은 물 건너간 듯싶었어. 그러나 이미 공민왕과 신진 사대부들의 노력으로 원나라의 간섭에서 벗어나게 되었고, 또한 이미 개혁의 열매를 맛본 백성들 마음에 새로운 사회를 꿈꾸는 열망이 가득하여, 예전처럼 권문세족이 맘 놓고 설칠 수는 없었지.

이렇듯 고려에 불어닥친 새로운 바람은 신진 사대부들에게 큰 힘을 실어 주었지.

이때 고려는 일본 해적인 왜구들이 곳곳에서 설치는 바람에 골머리를 앓고 있었어.

최영 장군이나 이성계 장군 같은 이들이 있어 왜구를 물리쳤고, 최무선은 화포를 개발하여 왜구들을 몰아내는 데 큰 공을 세웠어. 백성들은 이들을 매우 훌륭히 여겼지.

신진 사대부들은 백성들에게 존경받는 이런 영웅들과 힘을 합하고 싶어했어. 이럴 즈음 중국에서는 명나라가 일어나 원나라와 맞서고 있었어. 원나라는 세력을 반쯤 잃고 북쪽으로 밀려난 상태였지. 그런데 명나라는 원이 차지하고 있던 압록강 부근 고려 땅을 내놓으라고 억지를 부렸어. 이에 최영, 그리고 예전에 원과 친했던 사람들이 명나라와 전쟁을 하자는 주장을 폈어. 반면에 일부 신진 사대부와 이성계는 좀 더 신중해야 한다며 전쟁을 반대했지.

그러나 전쟁을 하자는 쪽이 우세해서 1388년 5월 마침내 5만 군사가 요동으로 향했어. 우왕(1374~1388년)은 이성계를 요동 원정군의 장수로 삼았고, 최영은 개경에 남아 궁을 지키게 했지. 이성계는 압록강에 이르러 위화도에 머무를 때 비가 억수같이 퍼붓자 더 이상 진격이 불가능하니 군사를 돌리자고 하였지만, 개경에서는 이를 허락하지 않았어. 이성계는 그 지시에 따르지 않고 군사를 되돌렸어.

차라리 많은 군사를 지휘하고 있는 지금이, 명과 전쟁을 하기보다는 반대파를 몰아낼 수 있는 좋은 기회라고 판단한 거야. 개경을 장악한 이성계는 곧바로 최영과 우왕을 귀양 보낸 후 사형시키고 새로 창왕을 내세웠어. 1년 만에 창왕도 쫓겨나고 공양왕이 새 왕에 올랐지. 하지만 고려는 이미 이성계와 신진 사대부가 모든 권력을 쥐고 있었어.

이들은 권문 세족들의 농장을 없애고 모든 신하에게 고루 토지를 나누어 주었고, 백성들에게 거두는 세금도 형편에 맞게 고치며 개혁 정치를 해 나갔지.

많은 백성들과 사대부들이 이를 지지했어. 이성계 측근들은 한발 더 나아가 이 기운을 몰아 나라를 새로 세우려 했지. 다시 말하면 고려란 나라를 이제 그만 끝내자는 거야.

1392년 7월, 공양왕은 이성계에게 왕위를 내놓아야 했어. 온 민족이 세운 하나의 나라 고려는 이로써 그 역사를 끝마치게 돼. 태조 왕건이 나라를 세운 지 475년 만에 일어난 일이야.

역사의 수레바퀴는 어느덧 성큼성큼 오늘에 가까워지고 있어.

"자, 이제 무엇을 달까?"

고려 시대 087

왕, 양반, 법 그리고 남자의 나라

조선 시대

우리가 가장 잘 알고 있고, 우리와 가장 가까이 있는 역사가 바로 조선의 역사야.
여기에는 우리가 자랑스럽게 디어 가야 할 역사도 있지만, 부끄러운 이야기들도 숨어 있지.
눈을 크게 뜨고 조선의 역사를 살펴보면, 선조들의 역사 속에서 무엇을 이어 가고 무엇을 버려야 할지 알 수 있을 거야.
자, 심호흡 한번 하고, ……출발!

왕, 양반, 법 그리고 남자의 나라

조선 시대는 지금 대한민국으로부터 그리 멀지 않은 시대야.

아마 너희 할아버지의 할아버지(고조할아버지)쯤 되시면 대부분 조선 시대 끝 무렵에 태어나신 분이었을걸? 조선이란 나라 이름을 대한 제국으로 바꾼 해가 1897년이니까 이제 겨우 100년 하고 몇 년이 더 지났을 뿐이야.

조선 시대는 너희에게도 그리 낯설지 않을 거야. 영화나 텔레비전 드라마, 위인전과 이야기책들을 통해 이미 많은 사건과 사람들을 알고 있을 테니까. 따로 역사 공부를 하지 않았더라도 말이야.

세종 대왕이나 이순신 장군을 모르는 사람 있어? 동의보감을 지은 허준이나 태양인 이제마도 다 알 테고. 황희 정승과 발명왕 장영실, 오성과 한음, 퇴계 이황(1,000원 지폐에 그려진 인물), 율곡 이이(5,000원 지폐에 그려진 인물), 암행어사 박문수, 명성 황후……. 또 청석골 두령 임꺽정, 의병대장 곽재우, 녹두 장군 전봉준 같은 분들도 있고, 이야기 속 인물로는 이몽룡과 성춘향, 홍길동을 모두 알고 있을 거야.

물론 이보다 훨씬 많은 인물이 있었고 너희도 더 많이 알고 있겠지만, 쉽게 떠오르는 인물만 해도 이 정도야. 그러고 보니 거의 모두 남자들이네?

조선 시대는 여자들이 사회에 나와 일을 하기가 무척 어려웠던 시대야. 신사임당이 좋은 어머니로 이름이 알려졌고, 황진이란 기생이 유명하지만 벼슬을 했다거나 다른 사회 활동을 한 것은 아니었어. 여기에 대한 이야기는 뒤에서 조금 덧붙이기로 하고, 다시 가까운 역사 조선 이야기를 더 해 볼까?

지금 대한민국 수도 서울은 바로 조선의 수도 한양이 있던 그 자리야.

서울에는 조선 왕들이 살던 궁궐이 남아 있고, 동네 이름 또한 조선 시대에 지어진 이름이 이곳 저곳에 많이 남아 있지. 전라도니 경상도니 경기, 충청, 강원도니 하는 요즘의 지명도 모두 조선 시대에 지어진 이름이야. 너희가 사는 마을이나 도시가 어디든지 그곳에 조선 시대 유적이 없는 곳이 없을 거야. 또한 먹을거리와 입는 옷, 사는 집 같은 생활 문화와 풍습들이 오늘에까지 이어 오는 게 많아. 조선은 지금 우리가 얼마든지 보고, 만지고, 냄새 맡고, 느낄 수 있을 만큼 가까운 역사란다.

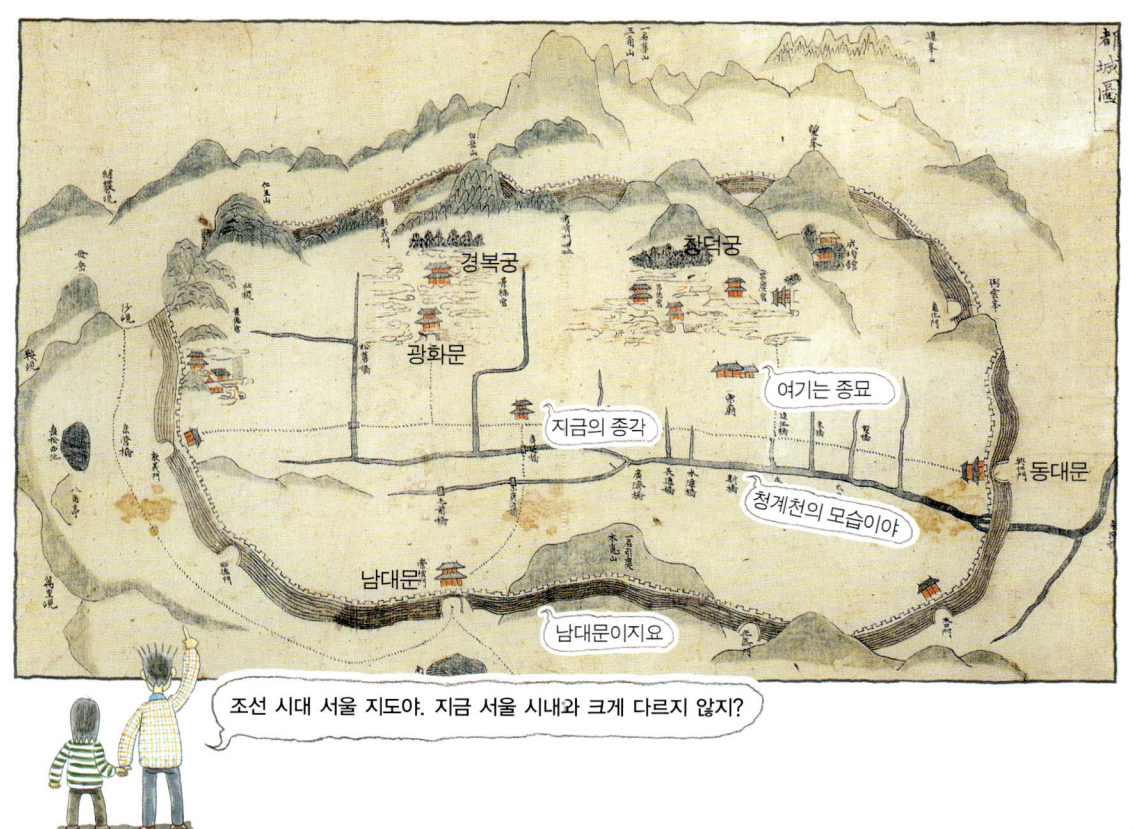

1392년 세워진 조선은 1897년 이름만 대한 제국이라 바꿨다가, 13년 만인 1910년 일본에게 강제로 나라를 빼앗기게 돼. 36년 만인 1945년, 우리 민족은 나라를 되찾았지만 곧바로 남북으로 갈라져 여지껏 60년 가까운 세월을 한 겨레가 두 나라로 나뉜 채 살고 있어.

나라가 없어졌던 일본 식민지 시대를 사이에 두고, 결국 조선 시대는 오늘날의 분단 시대와 딱 맞닿아 있는 셈이야. 이렇듯 조선은 세월로 따져도 가까운 역사일뿐더러, 오늘날 우리 겨레의 운명과도 떼려야 뗄 수 없는 가까운 역사인 것이지.

지금부터 풀어 갈 조선 역사는 다른 민족에게 나라를 뺏긴 아픈 역사로 끝을 맺게 되겠지만, "아픔을 겪으면서 지혜로워진다."는 말처럼 우리도 아픈 역사에서 값진 교훈을 얻어야 할 것이야. 그리고 500년 넘는 조선 역사 안에는 자랑스런 일도 굉장히 많아. 그 안에서 용기와 희망도 함께 챙겨 볼 일이야.

나라를 다스린다는 사람들

조선, 역사에 뿌리를 내리다

"조선이란 나라를 세운 사람은 첫 임금인 태조 이성계다."

맞는 말일까? 틀린 이야기는 아니지만 그렇다고 딱 맞는 이야기도 아냐. 어느 나라든지 한 사람이 달랑 나서서 나라를 세울 수는 없지 않겠어? 조선은 태조 이성계와 같은 군인 출신과 정도전이란 사람이 대표하는 신진 사대부 세력이 힘을 모아 세운 나라야. 이들이 의논하여 왕으로 모신 분이 이성계야. 이성계는 왜구를 물리치며 많은 공을 세워 백성들에게 인기가 좋았던 까닭이야. 더구나 그는 많은 군사를 거느린 장수라 그 힘 또한 무시할 수 없었어.

왕위에 오른 이성계는 나라를 세울 때 힘을 모았던 사대부들과 함께 조선을 다스려 나가기 시작했어. 정도전은 모든 신하들 가운데 으뜸인 재상을 맡아 나라의 기틀을 잡아 나갔지.

"왕이 나라를 잘못 다스려 백성들이 살기 어려워졌고, 그 때문에 고려가 망하고 조선이 세워졌다. 이것이 바로 하늘의 뜻이다."라고 정도전은 주장했어. 그래서 왕은 하늘의 뜻을 받들어 항상 백성을 위하는 마음을 가져야 하고, 백성과 가까이 있는 신하들이 앞장서 정치를 이끌어야 한다고 했지. 이런 정도전의 주장을 몇몇 왕실 사람들은 매우 못마땅해했어. 오히려 왕이 앞장서 힘을 틀어쥐고 신하들을 잘 감독해야 나라가 잘될 수 있다는 게 이들의 생각이었지. 결국 태조의 아들 가운데 방원이란 자가 거세게 불만을 터뜨리고 나왔어.

방원은 두 차례나 군사를 일으켜 정도전과 사대부들을 몰아냈고, 다른 형제들마저 없앤 뒤 왕위에 올랐어. 그가 조선 세 번째 임금 태종이야. 태종은 경복궁 옆에 창덕궁을 새로 짓고 그곳에서 나랏일을 보기 시작했어. 그러고 나서 무엇을 했을까?

이렇게 나라 틀이 잡힌 것은 우리 역사상 처음이었고, 세계 역사 속에서도 보기 드물게 이른 편이야.

뒤를 이어 왕위에 오른 세종은 이를 바탕으로 더욱더 조선을 발전시켰어. 성삼문, 신숙주 같은 학자들과 더불어 우리 글 '한글'을 만든 것은 세종대왕의 크나큰 업적 가운데 가장 빛나는 일이라 할 수 있어. 뿐만 아니라 북쪽에 남아 있던 여진족들을 몰아내고 지금 우리 나라 지도와 같은 영토를 이루었지. 왜적들의 소굴인 대마도에도 군사를 보내 혼내 줌으로 해서 그들의 노략질까지 막아 내니 나라 밖으로 근심할 일도 많이 줄게 되었어. 또한 농사에 많은 관심을 기울여 농사 기술에 관한 책을 펴내도록 했으며, 비가 얼마나 왔는지 잴 수 있는 측우기를 전국에 보내 날씨 정보를 얻고 이를 통해 농사에 보탬이 되도록 했으니, 이 역시 서양보다 200년이나 앞선 일이었어.

아버지 태종이 많은 신하와 심지어 형제까지도 죽여 가며 힘으로 눌러 가며 잡아 놓은 나라의 틀 위에, 아들 세종은 왕 스스로 부지런히 노력하고 능력 있는 신하들과 잘 협력하여 나라를 제대로 발전시켜 간 것이지. 왕과 신하가 서로 나라를 다스리겠노라 다투지 않고 힘을 모아 나라를 이끌면, 그 나라가 얼마든지 잘될 수 있다는 본보기를 보여 준 셈이야.

왕의 나라냐? 신하의 나라냐?

세종 대왕(1418~1450년)이 돌아가시고 그 아들 문종이 뒤를 이었지만 2년 만에 병들어 죽고, 나이 어린 손자 단종이 왕위에 오르게 됐어. 이때 단종의 나이가 12살. 너희만할 때였어. 왕이 어려서 직접 나랏일을 볼 수 없기 때문에 세종 때부터 높은 자리에 있던 신하들이 대신 정치를 도맡을 수밖에 없었어. 그런데 마치 50년 전 태종처럼 이를 매우 못마땅히 여긴 왕실 사람이 있었어. 왕의 삼촌이자 세종의 아들 가운데 하나인 수양 대군이야. 수양 대군은 자기를 따르는 신하들과 몰래 군사를 일으켜 단종과 주변 신하들을 모두 죽이고 스스로 왕위에 올랐어.

조선 일곱 번째 임금인 세조가 된 것이지.

신하들이 나서서 나라를 다스리면 안 된다는 게 세조의 생각이었어.

세조는 자기 할아버지인 태종과 생각만 같았던 게 아니라 형제를 죽이고 왕에 오른 것까지도 똑같아.

아무리 몇백 년 전 일이라지만, 꼭 그렇게 형제까지 죽여 가며 왕위에 올라야 했는지…… 선뜻 이해하기 힘들지 않니? 지금 같은 민주 국가에서는 상상조차 할 수 없는 일이지.

민주 국가란 말 그대로 백성이 주인인 나라를 말하는 거야. 조선 시대에 들어오면서 왕과 신하들은 입을 모아 백성을 위한 정치를 한다고 했지만, 나라의 주인만큼은 서로 자기네들이라 생각했기 때문에 왕과 신하들 사이에 이런 죽고 죽이는 싸움이 벌어진 거란다.

태종이 왕권을 다져 놓은 바탕 위에 세종이 많은 업적을 이뤘던 것처럼, 성종(1464~1494년)은 할아버지 세조가 다져 놓은 왕권을 바탕으로 조선 사회를 한 단계 발전시켜 놓았다고 할 수 있어. 경국대전이란 법률을 만들었고, 젊은 선비들을 모아 정치에 참여시켜 새 바람을 일으키고자 했어. 세조를 도왔던 신하들이 많은 특혜를 누려 가며 재산을 늘리고 궁궐 일마저 자기네 손아귀에 쥐려고 하자, 성종은 지방에 묻혀 있거나 관직에 나오지 않은 선비들을 두루 뽑아 신하로 맞아들여 나랏일을 보게 한 것이지.

세조 때 공을 세운 신하들을 '훈구'라 이르고 지방 선비 출신인 신하들을 '사림'이라고 불러. 성종 때까지는 별일이 없었지만, 연산군 때 이르러 이들 '훈구'와 '사림'들은 크게 부딪치게 돼.

연산군은 성종의 아들이야. 그런데 어렸을 적, 어머니인 왕비 윤씨가 궁궐에서 쫓겨나 사약을 받고 죽은 일이 있었어. 훈구 대신들은 이 일을 빌미 삼아 왕을 꼬드겨 많은 '사림'쪽 신하들을 처형하도록 했어. 그 뒤 연산군은 사림뿐 아니라 자신의 잘못을 지적하는 신하라면 '훈구'와 '사림'을 가리지 않고 처형했어.

거의 나랏일을 돌보지 않고 놀기만 하면서 이를 말리는 신하들을 함부로 쳐 죽이는 일이 계속되자, 신하들이 연산군을 몰아내고 그의 동생 진성 대군을 새 왕으로 모셨어. 열한 번째 임금인 중종이야. 중종(1506~1544년)은 조광조란 '사림' 쪽 신하와 더불어 정부의 잘못된 부분을 고치는 개혁을 하고자 했어. 세금을 줄이고 관리들의 특혜도 줄여 나간 거야. 이런 개혁을 사림이나 백성들은 좋아했지만 훈구파 신하들은 무척 싫어했어. 왕도 사사건건 원칙을 앞세우는 조광조와 사림들이 점점 부담이 되었고, 그들이 왕권을 무시하려 한다는 생각까지 하게 되었나 봐. 결국 중종은 조광조와 개혁을 이끌던 사림들을 처형하거나 관직을 뺏고 내쫓았어.

이렇게 사림들이 화를 당한 것을 '사화'라고 해. 네 차례에 걸친 사화 끝에 사림들은 다시 시골로 쫓겨 들어갔지만, 이들은 요즘 학교와 같은 서원을 곳곳에 만들어 인재를 키워 냈어. 이 사이 인종과 명종 두 임금을 거치며, 왕실의 친척들이 도에 지나치게 백성들을 쥐어짜 조선에는 굶주린 백성들이 많았고 도적떼도 많이 생겨나게 됐지.

선조(1567~1608년) 때가 되어서 서원을 통해 나온 인재들이 과거를 통해 정부 관리가 되어 조선은 다시 사림들이 실권을 잡게 되었지만, 뜻하지 않게 일본군이 쳐들어와 온 나라가 7년 동안이나 전쟁에 휘말리게 되었어. 이 전쟁을 '임진왜란'이라고 해. 오랜 전쟁이 끝난 뒤, 나라를 다스리는 왕과 신하들도 새롭게 마음 다짐을 안 할 수 없었지. 물론 백성들의 생각도 예전 같지 않았어. 500년 조선 역사가 반 가까이 지났을 무렵이야.

어진이가 가장 궁금한 것!

태조, 태종, 세조, 연산군…… 왕의 맨 끝자가 다 다른 이유는 뭘까?

'조'나 '종'이 붙여진 호칭은 왕이 살아 있을 때 불리는 이름이 아니야. 왕이 죽고 나서 붙여진 이름이어서 '묘호'라고도 해. 왕의 업적에 따라 '~조'를 쓰기도 하고, '~종'을 쓰기도 하는데, 나라를 세우거나 전쟁 같은 큰 변란을 겪어 낸 왕에겐 '조'를, 평안한 가운데 나라를 지켜 낸 왕에겐 '종'을 쓰도록 하였대. 그러나 '군'은 왕의 호칭이 아니야. 연산군과 광해군은 왕위에서 쫓겨났기 때문에 그냥 왕자 때 이름으로 불리는 것이란다. 따라서 '묘호'가 아닌 셈이지.

'가문의 영광'이 '나라의 몰락'으로

이때 가장 큰 변화는, 백성들이 '나라를 다스리는 사람들'에 대한 믿음을 크게 잃어버렸다는 것이야. 전쟁이 났을 때 다 봐 버린 거지. 왕이나 신하들 가운데 나라를 지키겠노라 제대로 나선 이가 많지 않았던 걸 말이야. 물론 이순신 장군같이 훌륭한 장수들도 더러 있었지만, 대개는 백성들이 나서서 내가 사는 마을과 가족을 구하고 나라를 지키겠노라 목숨을 걸고 싸웠어. 삼국 시대나 고려 역사를 보더라도 평소 나라의 주인 노릇을 하던 왕이나 귀족은 다른 민족이 쳐들어왔을 때 그리 용감하지 못했고, 늘 백성들이 나서서 우리 민족을 위기에서 구하곤 했지. 이를 보면 역시 '나라의 주인은 백성이다.'란 말이 딱 맞다 싶어.

임진왜란이 끝난 뒤 40년쯤 지나서 청나라 군사가 쳐들어왔어(병자호란). 이번에도 별 준비 없이 전쟁을 맞은 조선은 왕(인조)이 직접 적군 앞에 나가 무릎 꿇고 항복 의식을 치르는 창피를 당하고서야 위기에서 벗어날 수 있었지.

이런 가운데에도 나랏일을 보는 신하들끼리는 의견이 서로 달라 다투는 일들이 많았어. 18세기 들어와 영조(1724~1776년)와 정조(1776~1800년) 임금이 잇따라 왕위에 오르며 신하들끼리 다투는 걸 막고 나라를 추스르겠노라 많은 노력을 기울였지.

이런 노력들은 정조가 갑작스럽게 의문의 죽음을 당하며 그 결실을 맺지 못하고 말아.

특히 정약용, 박지원 같은 젊은 신하와 학자들이 왕을 믿고 따르며 나라를 발전시키려 많은 노력을 기울였지만, 더불어 헛일이 되고 말았어. 이 젊은 학자들은 청나라를 통해 들어온 서양의 학문이나 기술에도 많은 관심을 기울였어. 또, 옛 글만 들여다보는 게 학문이 아니라 백성들에게 실제 도움이 되도록 연구하는 것이 학문이라며 많은 기계를 개발하고 새 기술에 관한 책들을 내기도 했지. 이런 일들이 계속되었다면 조선으로서도 그렇고 우리 민족 전체로서도 매우 좋았겠지만 안타깝게도 그러지 못했어. 정조가 죽자 이들도 정부에서 밀려나고 만 거야.

정조의 어린 아들 순조(1800~1834년)가 왕위에 올랐지만 역시 어리다는 이유로 직접 나랏일을 돌보지 못했어. 그 대신 몇몇 세력 있는 집안의 대신들이 나서서 자기들 맘대로 나라를 다스리게 됐지. 왕이나 신하가 나라를 잘 다스리려는 노력을 게을리 하면 백성들의 삶은 어떻게 될까?

생각해 보나 마나야. '윗물이 맑아야 아랫물이 맑다.'란 말 알지? 큰 권력을 가진 사람들이 자기 잇속만 챙기면 조금이라도 권력이 있는 아랫사람들도 이를 본받아 자기 잇속만 챙기게 되는 거야. 그러다 보면 불쌍하게 당하는 것은 결국 백성들뿐이지.

나라 여기저기에서 견디다 못한 백성들이 들고일어나기도 했지만 정부는 군사들을 시켜 잡아 족치기만 했을 뿐, 백성들이 요구하는 소리는 들으려 하지도 않았어.

이후로 조선 왕들은 영영 힘을 잃고, 몇몇 힘 있는 집안이 온 나라를 쥐고 흔들었어. 왕까지 그들 손으로 골라 앉힐 정도였지. 왕손들 가운데 똑똑하다 싶으면 제쳐 놓았고, 가장 어눌해 보이는 사람을 일부러 골라 왕으로 앉혔어. 그래야 자기네 맘대로 나라를 다스릴 수 있으니까. 이런 걸 '세도 정치'라고 해.

조선이 이럴 즈음, 서양에서는 많은 나라들이 공업과 기술 문명을 발달시키고 있었어. 그리고 그 힘을 앞세워 다른 대륙에 있는 나라들을 손아귀에 넣으려 갖은 궁리를 하며 욕심을 키우고 있었지.

왕도 신하도 나라를 잃다

일본과 청나라가 조선보다 먼저 서양 세력의 침략 앞에 굴복했어. 두 나라는 서양 나라들과 억지로 외교 관계를 맺어야 했고 어느 정도 손해를 봐 가며 무역을 해야 했지. 그러는 한편 청과 일본은 앞선 서양 문물을 받아들여 조금씩 사회를 변화시켜 나가기도 했어.

조선은 이때, 고종(1863~1907년) 임금이 왕위에 앉혀졌어. 그러나 실질적으로 나라를 다스리는 일은 그 아버지인 흥선 대원군이 다 맡아 했지. 이 흥선 대원군은 '세도 정치' 때문에 왕실이 힘을 잃은 것을 매우 안타까이 여기고 있었어. 권력을 쥔 몇몇 가문 사람들이 나라를 말아먹고 왕까지 골라 앉히는 세상이 계속 이어지자, 비록 왕실 사람이지만 그런 불만을 숨긴 채 일부러 술주정뱅이 노릇을 하고 있었어. 그러다 자기 아들인 고종이 왕이 되자 "기회는 이때다!" 하고 세도를 부리던 사람들을 다 내쫓고 다시 왕권을 튼튼히 꾸려 가고자 했지. 그리고 서양 세력이 들어오지 못하도록 나라의 문을 꼭꼭 걸어 잠갔지. 이 길만이 조선이 사는 길이라고 여긴 거야.

19세기 후반, 나라 밖은 엄청 빠르게 변해 가고 있었어. 21세기인 요즘처럼은 아니지만 그래도 모든 나라가 서로 맞물려 숨가쁘게 돌아가고 있었지. 고대로부터 우리와 가까웠던 중국과 일본은 물론 러시아와 서양 여러 나라까지 어떻게든 조선을 자기네에게 이익이 되는 쪽으로 묶어 두려고 온갖 수단을 다 부렸어.

홍선 대원군은 이런 세상 흐름에 밀려 더 이상 힘을 쓸 수 없게 됐지.

고종이 직접 나라를 다스리기 시작했으나, 이미 조선은 왕과 신하가 의견을 잘 모아 나라를 다스려 갈 형편이 아니었어. 왕은 왕대로 신하들은 그들대로 중국 청나라나 일본 또는 러시아 눈치를 살피며 힘 있는 쪽에 기대어 자기 뜻을 이루려 들었지. 백성들은 돌보아 주는 이 없는 아이처럼 그저 사는 게 어려워져 갈 뿐이었어. 어려운 가운데 수많은 백성들이 나라를 구해 보겠노라 애를 썼지만 무능한 정부는 자기 백성보다 외국 눈치 살피기에만 바빴어. 심지어 청이나 일본 군사들이 우리 백성을 죽이며 활개 치고 다녀도 아무 말도 못했으니까.

이 가운데, 일본은 조선을 먹어 삼키려는 욕심이 지나쳐 그 수단과 방법이 매우 악랄했어.

그 아들 순종이 뒤를 이어 황제에 올랐지만, 말이 황제일 뿐 일본을 등에 업은 신하들에 둘러싸여 아무런 힘도 쓸 수 없었지. 3년 후, 일본은 순종 황제마저 내쫓고 이 나라를 완전히 삼켰어. 귀족들이 망쳐 놓은 고려를 새롭게 바꾸겠노라고 이성계와 정도전 같은 이들이 나서서 세운 나라, '조선'은 이렇게 500여 년 만에 끝이 났어.

이로써 우리 민족은 그 후 30여 년 동안을 나라 잃은 백성으로 살게 되었지.

자, 여기까지가 '조선의 역사' 그 끝이냐고? 그래 맞아!

하지만 조선 역사 안에 담겨진 모든 이야기를 끝낸 것은 아니야.

이 글 앞에 붙은 작은 제목처럼, 이것은 '나라를 다스린다는 사람들'에 대한 이야기의 끝이야. 물론 모든 왕과 신하들을 다 이야기하지도 않았어. 특히 조선 끝 무렵 나라가 힘을 잃어 갈 때, 자기 목숨마저 버리고 나라를 구하려 했던 많은 위인들 이야기는 전혀 하지 않았어. 왜냐하면 이들은 권력을 쥐고 나라를 다스렸던 사람들이 아니었기 때문이야.

이제부터는 나라를 다스렸던 사람들이 아니라 제대로 된 나라에서 살고 싶어했던 '백성들의 이야기'를 하려고 해. 500년 넘는 조선 역사 안에는 27명의 왕이 있었어. 그리고 몇백 곱 많은 신하들이 있었겠지. 그러나 이 땅에는 그들보다 몇천 곱, 몇만 곱이 넘는 백성들이 살아가고 있었어.

나라가 편안했을 때도 이들은 땀 흘려 일하고 세금을 바쳐 가며 나라 살림을 몽땅 도맡아 했고, 나라가 위태로울 때는 무기를 들고 나가 싸우며 나라를 지켜 냈어.

때로는 나라를 다스리는 사람들한테 많은 것을 빼앗겨 가며 시달리기도 했고, 때로는 그런 나라를 갈아엎고 새로운 나라를 이루려고도 했던 백성들의 이야기.

왕과 신하들처럼 나라를 다스리던 사람들의 역사에 이 백성들의 역사를 덧붙여야만 비로소 온전한 역사 이야기가 될 수 있겠지?

끝으로 이곳에서 챙기고 가야 할 교훈 한 가지.

"나라를 다스리려는 사람들이 백성들로부터 인심을 잃으면 결국 다스릴 나라를 잃고 만다."

사람이라고 다 사람이 아니다

텔레비전 드라마나 영화 속에서 가끔 이런 장면을 본 적이 있을 거야.

정확히는 몰라도 양반이 꽤 높은 지위에 있는 신분이란 건 다들 짐작하고 있었지?
 '양반'이란 왕과 더불어 나라를 다스리던 신하를 일컫던 말이야. 고려 귀족이 문신과 무신으로 나뉜 것처럼, 조선 때는 신하들이 문반(일반 행정을 보는 벼슬아치)과 무반(군사 일을 보는 벼슬아치)으로 나뉘었어. 이 문반과 무반을 합하여 양반이라 부르는 거야. 왕족 다음으로 높은 신분이 '양반'이었던 거지. 그 아래 낮은 벼슬을 하던 사람들을 '중인'이라 하였는데, 주로 의사나 통역관 그리고 사또 밑에서 일을 하던 아전들이 대부분이었어. 나머지 백성들은 상민이라 하였는데, 물건을 만드는 공장을 하거나 장사를 하는 사람들도 있지만 대부분 농사를 짓는 백성들이었지. 한마디로 땀 흘려 일하는 백성이면 모두 '상민'이었던 셈이야.
 지금 욕처럼 쓰이는 '쌍놈'이란 말은 이 '상민'을 낮추어 부르는 말이었어. 이럴 때 책상을 탕탕 치며 한마디 할 수 있지.

사실 조선의 왕과 양반들은 열심히 땀 흘려 일하는 '상민'들 덕분에 편안히 살 수 있었지. 곡식을 거두어 세금을 내고, 군대에 가서 나라를 지키는 것이 모두 상민들 몫이었거든.
 하지만 조선은 일하는 백성을 소중히 여기는 사회가 아니었어.

'사농공상(士農工商)'이라 하여 학문을 하는 사람(士)을 제일로 알아줬고, 농사짓는 백성(農)을 그 다음으로 중하게 여겼지만 실제로는 물건 만드는 이(工)나 파는 사람(商)과 함께 다 싸잡아 모든 백성들을 천하게 여겼지. 노비와 같은 천민은 사람 축에도 못 끼었어. 그러다 보니 상민, 즉 일반 백성들을 '쌍놈'이라며 욕하듯 부른 거야.

조선 사회에는 이렇듯 올바르지 않은 대우를 받으며 기를 펴지 못하고 살던 사람들이 또 있었어. 그 사람들은 다름 아닌 '여자'야!

여자들은 남자들보다 훨씬 자유롭지 못했어. 양반, 상민 가릴 것 없이 여자들은 어릴 때부터 글을 못 배우기 일쑤였고, 밖에 나가 노는 것조차 맘대로 할 수 없었지. 나이가 차서 시집을 가면 남편을 하늘처럼 모셔야 했으며, 심지어 남편이 다른 부인을 여럿 두어도 싫다고 할 수 없었어. 이혼 같은 것은 꿈도 못 꾸었고, 남편이 일찍 죽어도 다시 결혼할 수 없도록 금지해 놓았을 정도야. 그러나 무엇보다 가장 올바르지 못했던 것은 여자들의 사회 활동을 못 하게 막은 것이었어. 여자들은 벼슬은커녕 과거 시험조차 볼 수 없었어. 그저 애 낳고 애 키우고 집안일이나 하는 게 여자가 해야 할 일이고, 할 수 있는 일이라고 조선 시대 남자들은 생각했던 거야. 조선은 결국 왕과 양반이 백성의 주인 노릇을 하고, 남자가 여자를 업수이 여기며 주인 노릇을 하던 시대였어.

조선은 그리 멀지 않은 시대라서 그런지, 요즘에도 그 당시 잘못된 생각이 더러 남아 있기도 해. 농촌이나 공장에서 힘들게 땀흘리며 열심히 일하는 사람들을 가벼이 여긴다거나, 집 안팎에서 남자보다 여자들을 낮추어 보는 것들 말이야. 그런 생각은 모두 시대에 뒤떨어진 것이야. 하는 일과 성별이 다르다고 누군가를 무시하고 차별하는 일은 잘못된 일이야.

가난한 백성들

조선 시대 내내 거의 대부분 양반들은 거들먹거리며 살고 상민들은 '쌍놈' 소릴 들으며 천대받고 살아야 했어. 왜 그랬을까?

그것은 상민들이 대부분 배우지도 못하고 가난했기 때문이야. 양반들은 논밭을 그저 가지고만 있을 뿐이고, 실제로 곡식을 가꾸고 거두는 일은 죄다 백성들 몫이었어.

그런데 정작 백성들은 왜 가난했을까?

그것은 백성들이 아무리 열심히 일하여 많은 곡식을 거두어도 빼앗기는 게 많았기 때문이야. 먼저 땅 주인인 양반들이 추수한 곡식 가운데 거의 반을 소작료로 가져가 버려.

그 다음엔 나라에서 세금을 떼어 가지. 그 세금은 종류도 여럿이야. 논밭에 매기는 세금, 사람에 매기는 세금, 심지어 가축에게 세금을 매기기도 했어.

이렇게 소작료와 세금을 떼이고 나면, 농사짓는 백성들에게 남겨지는 몫이래야 겨우 먹고살기 빠듯할 정도밖에 남지 않아.

조선 시대 거의 끝 무렵까지 양반들은 세금을 한 푼도 내지 않았고, 군대에 갈 의무도 지지 않았어. 땀 흘려 농사짓고, 힘들여 군대 가고, 다리 놓고, 성 쌓고, 길 닦고, 저수지 파는 온갖 일에 불려 다니고, 소작료 떼이고, 세금 내고…… 그러면서도 배고프고 가난했던 게 백성들 삶이었다면, 양반들은 나라에 있는 벼슬과 땅을 몽땅 차지하고 백성들이 갖다 바치는 돈과 곡식으로 편하게 먹고살았지. 세상에 이런 법이 어디 있냐고?

어디 있긴…… 바로 조선 시대에 있었지. 조선뿐 아니라 몇백 년 전에는 세상이 다 그랬어.

먼 옛날과 다르게 왕과 양반들도 나라를 다스리는 사람들도 법을 지켜야 했고 법에 따라 나라를 다스려야 했지만, 문제는 그 법을 만드는 사람들이 왕과 양반들이었다는 것이야.

자연히 백성들보다는 자기네에게 이익이 되는 쪽으로만 법을 만든 것이지.

> **어진이가 가장 궁금한 것!**
>
> **지금은 누가 법을 만들까?**
>
> 대한민국 헌법 제1조를 보면, '❶ 대한민국은 민주 공화국이다. ❷ 대한민국의 주권은 국민에게 있고, 모든 권력은 국민으로부터 나온다.'라고 되어 있어. 그러니까 대한민국은 국민의 뜻에 의해 모든 게 결정된다고 보면 돼. 법도 마찬가지야. 그런데 국민들 가운데에는 남자도 있고 여자도 있고…… 서로 처지가 다른 사람들이 섞여 있어. 저마다 국민임을 내세워 자기에게 이로운 쪽으로만 법을 만들려고 하면 얼마나 혼란스럽겠니? 그래서 국민들 가운데 선거를 통해 대표를 뽑아 연구하고 토론하여 법을 정하도록 했어. 국민들은 자기에게 이익이 될 만한 대표가 뽑히도록 투표를 하는 거야. 그 대표가 국회의원이고 그들이 모여 연구하고 토론하여 법을 만드는 곳이 바로 국회야.

그러면 조선 시대에 양반과 상민 그리고 천민들의 인구는 각각 얼마였을까?
조선이 세워진 지 200~300년이 지나도록 양반 수는 그리 많지 않았어.
아래 그림을 볼까?

고작 10명쯤 되는 양반이 온통 나라의 주인 행세를 했던 거야. 조선 시대 뒤로 갈수록 양반의 수가 점점 늘어나기는 해. 상민 가운데 부자가 된 사람이 양반 신분을 돈 주고 사기도 했고, 임진왜란이나 병자호란같이 나라에 큰 전쟁이 났을 때 공을 세운 상민들이 양반으로 승격이 되기도 했어. 그러나 상민들의 수는 크게 변동이 없었어. 왜냐면 노비나 백정 같은 천민들이 거의 상민이 되어 갔기 때문이야. 양반과 천민은 세금을 내지 않기 때문에 상민의 수가 줄면 그만큼 나라 살림이 줄어야 했지. 이렇게 되는 걸 막으려고 천민들을 줄이고 상민들을 늘린 거야. 또한 이때에는 실학 사상을 가진 양반들이 나서서 신분 차별을 없애고, 농업뿐 아니라 상업과 공업도 발전시켜야 한다고 주장했어. 그리고 양반도 일을 하고 세금을 내야 한다고까지 주장했지. 하지만 이들의 주장이 제대로 먹혀들지 않았기 때문에 상민들이 사는 형편은 그리 달라지지 않았어.

'부익부 빈익빈'이란 말 잘 모르지? '부자는 갈수록 부자가 되고, 가난한 사람은 더욱 가난해져 갈 뿐이다.'라는 뜻을 가진 한자 말이야. 돈을 벌어 양반이 된 상민도 있었지만 그건 아주 적은 수였어. 조선 시대 처음부터 끝까지, 부자 양반은 더욱 부자가 되어 갔고 가난한 백성들은 더욱 가난해져 갔을 뿐이야. 물론 이런 현실에 백성들은 불만이 많았지. 나름대로 이런 현실을 바꾸어 보려고 무던히 애를 쓰기도 했지. 어떻게 했냐고?
지금부터 하려는 이야기가 그 이야기야.

세상을 바꾸어 보려 했던 백성들

이 책 앞쪽에서 했던 이야기들 몇 가지 되새겨 볼까? 신분 구별 없이 누구나 먹고 살기 위해 일하던 원시 시대를 유식한 말로 '원시 공동체'라고 했다는 것. 하지만 그때는 누구나 '평등하게 배고팠다.'고 했지. 그리고 청동기 시대에 들어와 먹을 게 많아지면서 '골고루 나누는 세상 끝, 따로 챙기는 세상 시작'이 됐다고 했어. 생각나니? 생각나지 않으면 다시 들추어 봐도 좋아.

나라가 생겨나고 수천 년이 지난 오늘에 이르기까지, 부자와 가난한 사람은 늘 있어 왔단다. 옛말에 "가난은 임금님도 없애지 못한다."란 말이 있어. 그렇지만 오늘날 저마다 나라들은 가난을 아예 없애진 못하더라도 가난한 사람을 도우려 많은 애를 쓰고 있지.

그런 노력을 법으로 정해 놓은 것이 '사회 복지 제도'야.

조선 시대에도 이 비슷한 노력이 없진 않았으나 요즘과 비하면 턱없이 약했어.

조선 인구 가운데 80%가 가난한 백성이었어. 이들이 땀 흘려 농사짓고 물건을 만들어 나라를 지탱시켰지. 하지만 나라에서 이들에게 도움을 준 건 도통 없었어. 높은 이자를 받고 식량을 빌려 준다거나(환곡), 곡식이 떨어지면 대신 도토리나 나무껍질로 끼니를 때우라며 그 방법을 알려 주는 게(구황촬요) 고작이었다니까~!

너희가 만약 조선 시대에 태어난 가난한 백성이었다고 상상해 봐.

무척 괴롭고 배고프고 무지하게 슬프고 화도 나고 그랬을 거야. 그렇다면 뭔가 노력해서 사는 처지를 바꾸어 보려고 하지 않았을까?

너희 같으면 어떻게 했겠니? 아래에서 골라 봐.

조선 시대 대부분 백성들은 1번처럼 살았어. 그럴 수밖에 없던 것이 왕과 양반들은 막강한 군사들을 거느리고 백성들을 힘으로 눌렀기 때문이야. 조선 시대 백성들은 힘든 농사일을 포기하는 것조차 자유롭지 못했어.

2번 같은 경우는 드물지 않게 있었지. 요즘에도 나쁜 맘을 가진 도둑과 강도가 있는 것처럼 옛날에도 못된 맘을 가진 사람들이 있었을 테니까. 하지만 너무 굶주리거나 못된 양반들에게 가진 것을 다 뺏기고 어쩔 수 없이 도둑이 된 사람들이 조선 시대에는 더러 있었어.

이들은 왕과 양반들을 '백성들 등쳐 먹는 큰 도둑'이라 부르며, 자신들은 억울하게 뺏긴 것을 되찾을 뿐이라 여겼어. 그렇기 때문에 양반이나 관가의 재물을 터는 일에도 별로 죄스럽게 생각하지 않았어.

홍길동이라고 알지? 못된 부자나 관리들을 혼내 주고 재물을 뺏어 가난한 백성을 도와주지. 무술과 도술이 뛰어나 아무도 그를 막을 수가 없고 말이야. 나중엔 많은 무리를 이끌고 누구나 잘 먹고 잘사는 '율도국'이란 새 나라를 세우기도 해. 홍길동은 연산군 때 실제로 있었던 이름난 도적이야. 하지만 우리가 알고 있는 이야기는 훗날 허균(1568~1618년)이 지은 소설에 나오는 내용일 뿐, 사실이 아니야.

임진왜란이 일어나기 30년 전, 조선 명종(1545~1567년) 때는 임꺽정이란 유명한 도적이 있었어. 관가를 털거나 임금께 바쳐지는 공물까지 털었기 때문에 나라에서는 군사를 풀어 잡으려 했지만 무척 힘들었지. 가난하고 천대받던 백성들은 맘속으로 통쾌히 여기고 그를 잡는 데 협조하지 않았기 때문이야. 그러나 결국 3년 만에 잡히고 말아.

홍길동과 임꺽정을 의적이라고 불러. 정의로운 도적이라는 뜻이야. 가난한 백성을 해치지 않고 못된 부자나 관리들을 혼내 줬기 때문에 붙여진 이름이지. 하지만 그들은 자신들의 억울한 처지를 힘으로 밀어붙여 분풀이는 했을지 몰라도 백성들의 가난한 처지를 뿌리째 바꿔 볼 생각은 하지 않았어.

그로부터 100년이 지난 조선 숙종 때, 장길산이란 도적패가 조선을 발칵 뒤집어 놓은 일이 있어. 홍길동이나 임꺽정과는 다르게 그들은 이 조선 사회를 통째로 갈아엎어 보겠다고 나섰지. 양반 관리들의 횡포가 지나치다고 본 몇몇 관리들과 승려들, 그리고 많은 장사치와 농민들이 함께 했어. 내부에 배신자가 생기는 바람에 결국 실패하고 말았지만 3번에 가까운 경우였지. 그러나 새로운 사회를 어떻게 만들지 구체적인 계획이 없었기 때문에 완벽하게 3번의 경우라고 보기는 힘들어.

사람들은 홍길동과 임꺽정, 그리고 장길산을 조선 3대 도적이라고 부르지.

19세기 들어와 백성들의 불만은 폭발하기 직전에 이르렀어. 영조와 정조 임금이 실학을 내세운 신하들과 함께 나라를 제대로 이끌어 보려 했지만, 그 분들이 돌아가신 뒤 순조 임금이 들어서면서 조선은 다시 엉망이 돼 버렸어. 몇몇 가문이 권력을 틀어쥐고 온갖 부정부패를 저지르며 백성들을 쥐어짜 댄 것이지. 이런 것을 '세도 정치'라고 한다고 얘기했지?

1811년 12월, 평안도에서 '세도 정치를 없애자.' 며 백성들이 들고일어났어.

백성들을 이끈 지도자는 홍경래란 사람이야. 그는 가난한 농민이었지만 공부를 게을리 하지 않았다고 해. 전국을 돌아다니며 아이들에게 글공부를 가르치기도 했고 묏자리를 정해 주는 일도 했대. 그러면서 자연히 백성들의 비참한 생활을 똑똑히 볼 수 있었지.

난 여전히 배고프다!

그는 10년 동안 사람을 모으고 돈을 모아 가며 치밀하게 계획을 세웠어. 1,000여 명의 군사가 모아지자 드디어 봉기를 하였고 순식간에 평안도 일대를 점령할 수 있었지. 백성들은 너도나도 봉기군 아래로 몰려들었어. 이제 잘못된 사회를 바로 잡아 볼 수 있다는 희망을 품고서 말이야. 그러나 굶주렸던 백성들이 훈련된 정부군과 맞서 싸우기에는 힘이 부족했나 봐.

정부군에 밀려 정주성으로 쫓긴 봉기군들은 5개월을 버티다 끝내 무너지고 말았어.

정부군은 성에 남아 있던 사람들 가운데 10살 이상 남자면 무조건 다 죽였어. 그 수가 무려 1,917명이나 됐다고 해. 정부는 이런 난리를 겪으며 반성하기는커녕 더욱더 잔인하게 백성들을 들볶았어. 하지만 백성들은 달랐어. 홍경래가 일으킨 난리는 비록 비참하게 끝났지만 백성들은 희망을 느꼈지. 힘만 더 모으면 얼마든지 나라도 바꾸고 세상도 바꾸어 볼 수 있다는 희망 말이야.

이후로 백성들은 관리들이나 양반 지주들의 횡포에 그냥 되는 대로 참고 살지 않았어.

전국 곳곳에서 크고 작은 저항들이 끊이지 않고 일어났지. 그 가운데 1862년 경상도 진주에서 일어난 민란이 가장 큰 규모였어. 정부는 경상도와 진주를 다스리던 수령을 바꾸고 가혹한 세금도 줄이겠다고 달래어 겨우 백성들을 진정시킬 수 있었어. 하지만 그 약속은 끝내 지켜지지 못했고, 역시나 양반 지주들과 세도 가문들은 자신의 배만 채우려 들 뿐이었어.

1894년 1월, 이번에는 전라도 고부에서 농민들이 크게 들고일어났어.

주로 '동학'을 믿는 농민들이 중심이 되었기 때문에 이 일을 가리켜 '동학 농민 운동'이라고 해. '동학'이란 최제우란 분이 세우신 종교로, '사람이 하늘이다'라는 사상을 내세웠지.

하늘을 섬기듯 백성을 위해야 한다고 했으니, 많은 백성들이 그 사상을 믿고 따랐지.

처음 고부에서 농민들이 들고일어났을 때는 악독한 고부 군수를 혼내 주려 했던 것이었으나 그들을 이끌던 지도자는 이 참에 잘못된 나라를 바로 잡으리라 마음먹었어.

사람들은 그를 녹두 장군이라 불렀어. 키가 작아서 생긴 별명이래. 하지만 녹두 장군 전봉준은 그를 믿고 따르는 농민들에게는 '거인' 같은 존재였지. 전라도 관군과 서울에서 내려온 정부군마저도 전봉준이 이끄는 농민들에게 맥을 못 췄어.

농민군은 못된 관리들을 몰아내고, 신분 차별을 없애고, 세금 제도를 바꾸어야 한다고 주장했어. 정부는 농민군들의 거센 힘에 눌리어 대부분 요구를 들어주기로 하고 협상을 맺었어.

이때 조선을 둘러싸고 호시탐탐 침략의 기회를 노리던 청나라와 일본이 정부를 도와 농민군을 물리쳐 준다는 핑계로 군사를 끌고 들어왔어. 농민군은 다시 무기를 들고 싸워야 했지. 썩어 빠진 정부를 대신해 '나라를 지키고 백성을 편안케 하리라!' 또 '일본과 서양 오랑캐를 몰아내리라!'라는 깃발을 높이 치켜들고서 말이야.

그러나 대나무 창을 손에 든 농민군들이 총과 대포를 앞세운 일본군을 당해 낼 순 없었지. 1894년 겨울, 전봉준을 비롯한 농민군 지도자들은 결국 정부군에 잡혀 처형당하고 말아. 그러나 이들이 백성들 마음에 당겨 놓은 불씨는 조금도 사그러들지 않았어. 흩어진 농민군들은 대부분 고향에 내려가 다시 농사를 지었지만, 훗날 일본 침략에 맞서 무기를 들고 싸우는 의병이 되기도 했어. 동학 농민 운동을 통해 '우리 백성이야말로 나라의 진정한 주인이다.'라는 생각이 심어졌기 때문에 가능한 일이었어. 또한 정부도 이런 백성들의 분위기에 밀려 곧바로 신분 제도를 없애고, 세금 제도를 고치지 않을 수 없었으니(갑오개혁), 동학 농민 운동은 가난한 백성들이 힘을 모아 세상을 바꾸어 낸 대사건이라 할 수 있어.

비바람 치는 역사 속에서도 꽃은 피어난다

큰북과 작은북 그리고 병아리 두 마리가 한꺼번에 나뒹굴면 어떤 소리가 날까?

정답은 "쿵다락따 삐약 삐약." 하하! 갑자기 웬 썰렁한 농담이냐고?

바로 우리 한글에 대한 이야기를 하려고 그래. 북소리, 새소리는 물론 바람 소리, 물 흐르는 소리까지, 우리 한글로 표현하지 못할 소리가 없단다.

우리말은 수천 년 전부터 있어 왔지만 우리글 한글이 만들어진 것은 지금으로부터 채 600년이 안 돼. 그 전까지 우리 민족은 말은 우리말을 하여도 글은 중국 글자인 한자를 썼지. 말과 글이 달라 서로 뜻을 통하기가 무척 어려웠어. 그조차도 배우지 못한 백성들은 자기 뜻을 글로 적을 수도, 책을 읽을 수도 없었어.

이를 안타까이 여긴 세종 대왕은 집현전 학자들과 함께 오랫 동안 여러 나라 글자를 연구하여 마침내 1446년 한글을 만들어 내신 거야. 한글은 정녕 우리 민족의 가장 큰 보물이라 할 수 있어. 생각해 봐. 만약 이때 한글이 만들어지지 않았다면, 지금 우리는 남의 나라 글자를 빌려 써 가며 여전히 불편한 생활을 했을 것이고, 이로 인해 세계에서 가장 뒤처진 민족이 되었을지도 몰라.

어쩌다 너희에게 만 원짜리 돈이 생기면, 돈만 밝히지 말고 그 안에 그려진 세종 대왕을 보며 고마운 마음을 느껴 봐야 할 것이야.

훗날 조선 시대에는 한글 소설이나 시조가 많이 만들어져 백성들의 정신을 살찌웠고, 이로써 우리 민족 정서가 잘 살려진 문학 세계가 이루어질 수 있었어.

조선 시대는 미술에 있어서도 우리 민족의 독특함이 활짝 꽃피었던 시대야.

예전까지는 중국 그림을 그대로 본떠 그리는 게 유행이었어. 그러나 정선을 필두로 김홍도, 신윤복 같은 많은 조선 시대의 화가들은 우리 나라에서만 볼 수 있는 풍경, 우리 민족이 누리는 풍속, 우리 백성들이 사는 삶 들을 화폭에 그려 냈어.

창덕궁과 종묘 그리고 수원 화성, 모두 조선 시대에 지어진 이 건축물들은 지금 세계적인 보물로 꼽히고 있어. 이 역시 자랑거리가 아닐 수 없어.

수원화성. 세계에서 가장 과학적인 설계로 지어진 성곽 중의 하나로 '성곽의 꽃'이라 불린다.

조선 시대

조선 시대에는 또 문학과 예술뿐 아니라 의학 분야에서도 우리 민족에 맞는 고유한 의술이 계발되었던 때야. 허준의 〈동의보감〉 이제마의 '사상 의학'이 대표적인 경우지.

이 밖에도 너무나 많은 분야에서 자랑스러운 문화 유산들이 조선 시대에 만들어졌어.

물론 남아 있는 게 적다 뿐이지 이전 시대에도 자랑스런 문화 유산이야 많았지. 하지만 조선 시대 문화의 가장 큰 특징은 모든 분야에 우리 민족만이 가진 독특함이 가장 잘 배어 있다는 것이야.

또 하나 지나칠 수 없는 것은 조선 시대 백성들이 펼쳐 낸 문화와 예술의 세계야.

비록 가난하고 힘들었을지라도 늘 희망을 잃지 않았던 사람들, 자식을 낳아 건강하게 키우고 이웃들과 함께 화목하게 지내기를 꿈꾼 소박한 사람들, 그 꿈을 이루기 위해 땀 흘려 일했던 진실한 사람들, 때론 그 꿈을 짓밟는 사람들에 대해 분노하고 저항했던 정의로운 사람들, 이런 사람들의 꿈과 바람이 모여 노래가 되고, 춤이 되고, 그림이 되고, 이야기가 되어 전해져 온 것이 바로 조선 시대 백성들이 만들어 낸 문화 예술이야.

백성들이 만들어 낸 문화라 하여 '민속 문화' 또는 '민중 문화'라고도 해. 하지만 우리 민족을 이루는 가장 큰 집단이 백성들이기 때문에, 백성들이 만들어 낸 문화야말로 진정한 '민족 문화'라 할 수 있다고 나는 생각해.

2002년 월드컵 때, 온 국민이 함께 불렀던 아리랑이 생각날 거야.

남한과 북한 사람들이 만나면 한데 어울려 부르는 노래 가운데 빠지지 않는 것이 또 아리랑이야. 누구라 할 것 없이 조선 팔도 백성들이 저마다 가사를 붙이고 가락을 지어 부른 노래 '아리랑'. 수백 년 세월이 흐른 지금은 물론 앞으로 수백 년이 더 지나도록 우리 민족을 하나로 묶어 주는 힘을 잃지 않을 이 노래. 비바람 치는 역사 속에서도 꿈을 잃지 않고 '민족 문화'란 꽃을 피워 낸 이들이 바로 백성들이라는 것.

'아리랑'은 이 사실을 잘 보여 주는 예 가운데 하나인 것이지.

어느 누구도 어떤 나라도 혼자 살 순 없다

반갑지 않은 먼 나라 사람들

'지구촌'이란 말도 있듯이, 요즘 세계 여러 나라들은 마치 한 동네 사는 사람들처럼 좋은 일, 궂은일을 함께 나누며 살고 있어. 나라들 가운데에는 사이가 좋거나 나쁘기도 하고, 부자 나라도 있고 가난한 나라도 있고, 말과 문화가 비슷한 나라도 있고 전혀 다른 나라도 있지만, 이 가운데 꽁꽁 문을 걸어 잠그고 혼자 살겠다는 나라는 하나도 없어.

서로 필요한 물건을 사고팔고, 기술을 나누고 사람을 나누고, 문화를 나누고…… 때로는 싸우고. 날마다 지구촌에서 벌어지는 일들이야.

너희만 해도 어릴 적부터 지금까지 많은 외국 책을 읽었을 테고, 영화나 게임을 통해 많은 외국 문화를 만날 수 있었을 거야. 이 모든 것이 당장 없어진다고 상상해 봐.

외국 물건도 살 수 없고, 외국 책이나 다른 문화를 접할 수 없고, 외국 여행을 할 수도 없다면……? 말이 안 되는 상상이지?

자, 그런데 우리 나라는 언제부터 세계 여러 나라와 교류를 하고 살았을까?

물론 가까운 중국이나 일본과는 먼 고대 때부터 교류가 있었고, 통일 신라와 고려 때에는 멀리 인도나 아라비아와도 간간이 교류가 있었지만 그나마 조선 시대에는 끊기었어.

우리 나라가 정식으로 외국과 교류를 하게 된 것은 지금으로부터 불과 100년 하고도 수십 년 전이야. 조선 시대 끝 무렵이지. 특히 서양과의 교류는 중국과 일본보다도 30년쯤 뒤늦게 시작됐어.

우리 나라에 서양 사람이 처음 발을 디딘 때가 임진왜란 때라고 해. 일본군에 끼어들어 온 서양 선교사가 그 처음이라 하는데, 우리와 직접 교류한 것은 아니지.

그 후 1628년 네덜란드 선원 3명이 풍랑을 만나 제주도로 떠 내려온 일이 있었어. 그 중에 벨테브레라는 사람은 박연이라고 이름을 고치고, 우리 나라 여인과 결혼을 하여 1남 1녀를 두고 살았으니, 그이가 서양인으로는 최초로 이 땅에 와 산 사람인 셈이지.

1653년 이번에도 네덜란드 선원들이 풍랑을 피해 제주도로 들어왔어. 무려 36명이나.

이미 조선인으로 귀화한 박연과 더불어 이들은 주로 총을 만드는 일을 거들며 살았어.

그러다가 1668년, 이들 중에 하멜이라는 선원이 자기 나라로 되돌아가 〈하멜 보고서〉란 책을 펴내면서 조선이란 나라가 처음으로 서양에 알려지게 된 것이야.

서양열강의 아시아 침략(19세기)

- 러시아 차지가 된 곳
- 영국 차지가 된 곳
- 프랑스 차지가 된 곳
- 미국 차지가 된 곳
- 네덜란드 차지가 된 곳

그 뒤 100여 년이 지나는 동안, 조선은 청나라를 통해 조금씩 서양 문화를 받아들일 수 있었지만, 학자들 사이에서 학문으로 연구되었을 뿐 널리 소개되지는 않았어.

그러다가 1800년대, 19세기로 들어서면서 사정이 확 달라졌어.

서양 여러 나라들이 적극적으로 우리 나라를 찾아오기 시작한 거야. 그러나 이들은 친구가 되자고 찾아오는 것이 아니었어. 이들이 우리 나라를 찾아온 목적은 첫째, 자기네 물건을 팔기 위함이고 둘째, 우리 땅에서 나오는 곡식이나 금, 은, 석탄 따위 자원을 싸게 사고 싶어서였어. 또한 가능하면 이런 무역을 자기네 맘대로 하기 위해서 우리 나라를 무력으로 점령하고자 하는 속마음도 있었던 거야.

이때 세계는 온통 서양 나라들이 판을 치고 있었던 때야. 18세기에 기계 공업을 발달시킨 서양 나라들은 전 세계에 자기네 물건을 팔기 시작했고, 말을 안 듣는 나라들은 무력으로 점령하여 억지로라도 물건을 사게 했어.

19세기에 이르러 아프리카, 인도, 동남아시아는 물론 남아메리카 대륙까지 이들의 손이 미치치 않은 곳이 없었고 마침내는 세계의 구석구석이 그들의 손아귀에 들어갔지. 남은 것은 중국과 일본 그리고 조선뿐이었어.

이때까지만 해도 이 세 나라는 나라 살림의 중심이 농업이었기 때문에 서양 나라들과 교류할 필요성을 별로 느끼지 않고 있었어. 그저 수천 년 동안 그래 왔듯이 앞으로도 그대로 살기를 바랐던 거지.

하지만 서양 나라들은 어떻게든 이 세 나라를 자기네 시장으로 삼으려 했어.

결국 중국 청나라는 1842년 영국과 프랑스의 공격에 어쩔 수 없이 굴복하고, 뒤이어 홍콩을 영국에 넘겨 주고 상하이를 포함한 네 곳의 항구를 서양 사람들에게 개방하게 되었어.

뒤이어 1854년 일본마저 미국이 군함을 이끌고 들어오자 할 수 없이 문을 열었지.

억지로 열게 된 나라의 문

조선 정부는 중국과 일본이 서양 세력에 의해 억지로 나라를 여는 것을 보고, 더욱 움츠러들었어.

이미 조선에 들어와 있던 천주교를 서양 세력의 앞잡이라 여기고 강하게 탄압한 것도 이때야.

주로 여자와 서민들이 신도였던지라 이들 가운데 많은 사람이 처형을 당했고 외국인 신부들도 쫓겨나거나 죽임을 당하였어.

1866년에는 프랑스 군대가, 1871년에는 미국 군함이 강화 앞바다를 통해 쳐들어왔지만 우리 군사들이 잘 싸워 몰아냈어. 당시 조선을 다스리던 대원군은 이에 자신감을 갖고 "서양과 친하게 지내는 것은 나라를 파는 것과 같다."라고 주장하며 나라 문을 꼭꼭 걸어 잠갔지.

사정이 이렇게 되자, 서양 나라들은 조선을 잠시 내버려 두었으나, 이번에는 일본이 우리 나라를 넘보기 시작했어. 대원군이 밀려나고 고종의 아내인 명성 황후 집안 세력이 나라를 다스린 지 3년 만인 1875년, 일본 군함 1척이 역시 강화도 뱃길을 통해 한강으로 쳐들어왔어. 잠시 난동을 피우다 곧 쫓겨났으나 일본은 이를 핑계 삼아 조선 정부를 협박했어. 자기네 군함이 피해를 봤으므로 당장 전쟁을 벌이자는 거야.

아니면 나라 문을 열고 자기네와 교류를 정식으로 트자는 거였지. 전쟁을 할 힘이 없었던 조선 정부는 1876년 억지로 일본과 조약을 맺게 돼. 이를 가리켜 '강화도 조약'이라 하는데, 그 조약의 내용이란 부산과 원산, 인천 세 개 항구를 차례로 개방하고 이곳에서 일본 사람이 일본 물건을 맘대로 팔 수 있게 한다는 것이었어.

이후 10년이 채 안 돼 조선 정부는 미국, 영국, 독일, 러시아, 프랑스와 잇달아 통상 조약을 맺어야 했고, 이로 인해 서양 문물이 이 땅에 밀려들어 오기 시작했어.

　1882년, 서양식을 본떠 만든 신식 군대에 비해 엄청난 차별 대우를 견디다 못한 군인들이 난을 일으켰어(임오군란). 많은 백성들이 군인들과 함께 힘을 보탰지만, 정부는 재빨리 청나라에 도움을 청해 이들을 물리쳤어. 이해하기 힘든 일이지만 정부는 결국 외국 군대를 빌려 와 자기네 백성을 죽인 꼴이야. 그 2년 뒤에는 정부에서 일하던 젊은 신하들이 들고일어났어. 이들은 청의 간섭을 물리치고 일본을 본받아 서양 문화와 산업을 적극적으로 받아들이는 것만이 우리 나라가 살 길이라고 여겼어.

　그리하여 사전에 일본과 은밀히 의논하고 도움을 받기로 약속했지만, 청나라 눈치를 본 일본이 도움 주기를 포기하자 이들도 결국 실패하고 말았어(갑신정변). 이 일에는 백성들이 전혀 힘을 보태지 않았어.

　제 아무리 뜻이 좋다 하더라도 일본이랑 손을 잡은 것이 마땅치 않았던 거야. 10년 뒤 1894년에는 앞서 말한 대로 동학 교인을 중심으로 한 농민들이 대대적으로 일어나 나라를 바꾸어 보려 했지만 청과 일본의 힘에 밀려 그 뜻을 완전히 이루지는 못했지.

강도에게 나라를 뺏기다

1894년 청과 싸워 이긴 일본은 1904년 인천 앞바다와 만주 땅에서 러시아와 전쟁을 벌여 또 이겼어.

그러는 사이, 정부 대신들 가운데 일본에 빌붙어 자기 잇속을 챙기려는 사람들이 점점 많이 생겨나, 조선 땅에서 일본 세력이 판을 치기 시작했어. 서울과 인천 사이, 서울과 부산 사이 철도를 놓는 일과 광산 사업 같은 많은 이권 사업들이 일본에게 넘어갔지. 이로써 일본은 조선 땅에서 가장 큰 힘을 가진 외국 세력이 되었어.

1905년, 마침내 일본은 우리 나라를 집어삼키려는 욕심을 노골적으로 드러냈어. 역시 '조약'이란 걸 내세웠지. '조약'이란 나라와 나라가 서로 의논을 해서 맺는 약속이야. 하지만 일본은 우리와 의논을 한 게 아니고 오로지 자기네 뜻대로만 밀어붙였어. 이를 '을사 보호 조약'이라 하는데, 그 내용은 '우리 정부가 능력이 없으니 일본이 나서서 우리 나라 외교 문제를 맡아 하겠다.'는 것이야.

이 조약이 발표되자 생각 있는 조선 사람 모두가 기막혀 했지. 고종 황제는 끝끝내 이 조약에 서명하지 않았지만 이완용을 포함한 다섯 대신들이 이 조약을 우격다짐으로 성사시킨 거야.

민영환, 조병세 같은 대신들은 이 사실에 분함을 참지 못해 스스로 목숨을 끊으셨어.

또 전국 각지에서 의병이 일어나 일본을 몰아내고 나라를 구하겠노라 했지.

태백산 호랑이라 불리던 신돌석 장군이나, 훗날 일본으로 끌려가 대마도에서 숨진 최익현, 그리고 민종식 같은 분들이 대표적인 의병 대장들이셔.

안타깝게도 모두 일본군에 의해 그 뜻을 이루지는 못했지만, 우리 민족이 그저 만만하게 나라를 내줄 백성이 아님을 천하에 알려 낸 셈이야.

사실상 우리 나라는 이때부터 일본 손아귀에 들어갔고, 이에 대항한 독립 운동 또한 이미 시작된 거나 다름없다고 봐.

강도를 잡읍시다!

일본 제국	학부대신 이완용	외부대신 박제순	내부대신 이지용	군부대신 이근택	농산공부대신 권중현
총칼로 조선을 빼앗은 자. 매우 흉폭함.	일제를 도와 자기 나라를 팔아먹은 을사 5적				

조선 시대

1907년, 일본은 우리 나라 군대를 강제로 해산시켰고, 고종 황제를 강제로 끌어내리고 순종 황제로 그 뒤를 잇게 했어. 이때 벌써 일본 사람 10만이 우리 나라에 들어와 살았고, 그들이 차지한 땅 넓이만 2억 3천 평이나 됐다고 해. 일본은 궁궐 가운데 하나인 창경궁에 동물원과 식물원을 짓기까지 했어.

나라가 통째로 사라져 가는 위기에 맞서 자기 생명을 돌보지 않고 의로운 일을 하시다 숨진 분들을 '의사'라고 불러. 안중근 의사뿐 아니라 많은 조선 의병들이 나라를 구하고자, 이미 조선 땅뿐 아니라 백두산 너머에서까지 목숨을 걸고 싸우고 있었어. 이 나라 백성들을 죽이고 재물을 빼앗고 마을을 불사르고…… 이를테면 살인, 강도, 약탈, 방화와 같은 몹쓸 범죄를 맘껏 저지르고 다니는 일본군과 맞서서 말이야.

그러나 이제 껍데기만 남은 대한 제국 정부는 무엇 하나 제 맘대로 할 수 없었어. 오히려 일본을 도와 제 나라를 망치고, 백성들을 죽이는 일에 힘을 보태는 대신들이 높은 자리를 죄다 차지하고 지도자랍시고 앉아 있었어.

이런 있으나 마나 한 정부마저 1910년 8월 29일 완전히 없어지고 말아.

을사조약을 맺는 데 앞장섰던 이완용과 그 무리들이 그 동안 일본과 비밀스럽게 속닥거리다가 결국 '합병 조약'을 맺은 거야. 역시 순종 황제의 서명도 없는 엉터리 조약이었으나 이미 그런 걸 따질 겨를이 아니었지.

수많은 백성이 눈물을 삼켰고 더러는 목숨을 끊는 이도 있었으며, 산으로 들어가 의병이 되거나 외국으로 떠나 버리는 이들도 많았어.

수천 년을 이어 한 곳에서 대대로 살아오던 우리 민족에게는 날벼락이 떨어진 것과 같았으나, 세계 사람들은 이를 눈여겨보지 않았어.

오히려 우리 나라를 집어삼킨 일본을 부러워하며 어떻게든 일본에 잘 보여 떡고물이라도 챙기려 들었지. 앞서 잠깐 설명한 대로 이미 서양 나라들은 세계 곳곳에 자기네 식민지를 만들고 있었던 때야.

어느 누구도 어떤 나라도 아무리 혼자 살 수 없는 세상이라 하지만, 다른 나라를 식민지로 삼는 것은 더불어 산다는 게 아니고 결국 혼자만 잘살아 보겠다는 것이지. 이런 걸 가리켜 '제국주의'라고 해.

자기 이익을 위해 다른 사람에게 피해를 주는 일이 옳지 않듯이, 자기 민족 또는 자기 나라 이익만 내세워 다른 나라와 민족에게 피해를 주는 것은 매우 옳지 못한 일이야.

우리 민족은 이때 '제국주의'의 칼바람을 맞은 것이야. 지금이야 세계 여러 나라들이 더불어 잘 살아가기 위해 많은 노력을 기울이고 있지만, 겨우 100년 전만 해도 그렇지 못했어.

인물	연대	사건
1892년 어진이의 증조할머니 이성녀 씨 (이씨 성을 가진 여자라는 뜻) 태어나다.	1890년대 ~ 1910년대	1890년 ★ 동학 혁명 1897년 ★ 대한 제국 수립 1899년 ★ 경인 철도 개통 1905년 ★ 을사조약 강제 체결 1910년 ★ 일제 강점기 시작 1919년 ★ 3·1 만세 운동
1923년 어진이의 할아버지 이종희 씨 태어나다. 1931년 어진이 할머니 안덕현 씨 태어나다.	1920년대	1920년 ★ 청산리 전투 1926년 ★ 6·10 만세 운동 1929년 ★ 광주 학생 항일 운동
1933년 어진이 외할아버지 신재열 씨 태어나다. 1940년 어진이 외할머니 권순년 씨 태어나다.	1930년대 1940년대	1932년 ★ 이봉창·윤봉길 의사 폭탄 투척 사건 1933년 ★ 조선어 학회 한국 맞춤법 통일안 발표 1936년 ★ 손기정 선수 베를린 올림픽에서 마라톤 금메달 1940년 ★ 일제 창씨개명 강요 1940년 ★ 대한민국 임시 정부 독립군 창설 1943년 ★ 일제, 한국인을 전쟁에 강제 동원 1945년 ★ 일제로부터 해방

이제 남은 이야기는 그리 길지 않아. 이미 흘러가 버린 역사라기보다는 오늘의 이야기일 수도 있어. 바로 우리 할아버지 할머니 그리고 엄마와 아빠가 다 겪었던 이야기이니까.

빼앗긴 들에도 봄은 오는가

독립 투쟁과 조국의 분단

일제는 우리 나라를 빼앗고 난 후, 조선 총독부를 설치해 모든 권력을 차지해 버렸어. 드한 군대와 경찰을 앞세워 우리 민족의 자유와 권리를 억눌렀지.

하지만 이에 맞서 조국을 되찾고자 하는 독립 투쟁도 끊이지 않았어. 두드릴수록 단단해지는 강철처럼, 일제의 탄압이 거세어질수록 독립 투쟁의 열기도 뜨거워졌지.

빼앗기면 빼앗길수록 맞으면 맞을수록 독립에 대한 염원은 더욱 크고 넓게 자라났어.

빼앗긴 들에도 봄은 오는가

나라가 없어졌다

지옥 같은 세상

나라 잃은 백성 앞에 맨 먼저 닥친 시련은 배고픔이었어. 우리 나라 사람 가운데 열에 일곱은 하루 세 끼를 제대로 먹지 못하였대. 그나마 풀잎이나 나무껍질로 끼니를 때우는 사람도 많았다는 거야. 이런 사실은 그 당시 신문에 기사로 실려 있어. 백성들 형편이 이렇게 된 까닭은 조선을 침략한 일본이 논도 쌀도 다 빼앗아 갔기 때문이야. 일본인 지주 손아귀에 들어간 논만 해도 전체 논의 10분의 1이 넘었고, 우리 땅에서 나는 쌀의 절반 가량이 해마다 일본 땅으로 실려 나갔어.

아래 그림을 보면 세상이 어찌 돌아가는 판이었는지 좀 더 이해하기 쉬울 거야.

이렇게 몇 해가 흐르자, 이 땅은 일본인과 그들에 빌붙은 조선인 지주들에게는 천국 같은 곳이 되었고, 대다수 조선 백성들에게는 점점 지옥 같은 땅이 돼 버렸지.

일제 36년 동안 우리 나라 사람들에게 닥친 시련이 배고픔으로만 끝난 게 아니었어. 어린이나 청소년들이 배우고 싶어해도 기회가 주어지지 않았고, 이런 현실에 조금이라도 불만을 이야기하면 마구 붙들어 가 감옥에 처넣기 일쑤였지. 1930년대 말 들어서면서, 일제는 징용이라 하여 억지로 조선 사람들을 일본으로 끌고 가 험한 일에 부려 먹었고, 징병이라 하여 조선 청년들을 강제로 전쟁에 끌고 나가 총알받이로 삼았어. 더구나 꽃다운 조선 처녀들을 납치하여 전쟁터로 끌고 다니며 일본 병사의 노리갯감으로 삼기도 했으니, 그 끔찍함이 차마 말로 할 수 없을 정도였단다. 이렇듯 나라 잃은 백성들의 삶이란 먼 옛날 노예들이 사는 삶과 다를 바가 없었어.

도둑이 큰소리치는 세상

한자로 된 옛말 가운데 '적반하장'이란 말이 있어. '도둑이 되려 매를 든다.'라는 뜻으로 잘못한 사람이 오히려 잘했다고 설쳐 대는 걸 꼬집는 말이지. 일본이 딱 그랬어. 일본이 조선에 근대 문명을 가져다 주고 서양의 새로운 기술을 알려 주었으니 오히려 자기네에게 감사한 줄 알라는 거야. 요즘도 그런 정신 나간 소리를 하는 일본인들이 더러 있어서 자기네 교과서에 이런 거짓 사실을 집어넣기도 해. 하지만 이들은 현재 자기네 나라에서조차 비웃음을 사고 있으니 그나마 다행이야.

자, 일제가 조선에게 가져다줬다고 주장하는 근대 문명이 과연 뭔지 볼까? 일제가 우리 나라를 침략하고 맨 먼저 한 사업이 '토지 조사 사업'이야. 토지의 모양을 정확히 재고 그 주인이 누군지 기록으로 남겨 땅 주인의 권리를 제대로 찾아 준다는 사업이었지.

실제로 그랬을까? 일제는 그 사업을 널리 알리지도 않고 서둘러 마무리하면서 우리 농민들이 미처 신고하지 않은 많은 땅을 빼앗았어. 토지를 조사한다는 핑계로 '토지 빼앗기 사업'을 벌인 셈이야. 일제는 또 조선 곳곳에 철도를 놓고 도로를 내고 항구를 건설했다고 생색을 냈어. 실제로 조선에 도움이 됐을까?

웬걸! 그 교통망을 타고 움직인 건, 조선 백성이 아니라 조선에서 나는 쌀, 석탄, 금, 면화 따위였고 그것들은 몽땅 일본으로 건너갔지. 결국 조선에서 훔친 것들을 일본으로 빠르게 옮기기 위한 철도요, 도로요, 항구였던 셈이야.

또 비료 공장을 세우고 방직 공장을 세웠다지만, 빼앗아 갈 쌀을 늘리고 자기네 잇속을 챙길 속셈이었어. 발전소를 세워 전기를 사용케 했다지만 그것은 그런 공장을 돌리고 조선에 사는 일본인들을 위한 전기였을 뿐이야. 전기 혜택을 받는 조선 사람은 천 명에 한 사람꼴도 안 되었어. 또한 공장이든 발전소든 부두든 광산이든 모든 일터에서 일제는 조선 사람들을 노예처럼 부려 먹었어. 일제가 조선에 와서 한 일은 근대 문명을 심어 준 것이 아니야. 오로지 근대 문명을 무기인 양 들이대며 조선 백성을 등쳐 먹고 조선의 산하를 송두리째 도둑질하였던 것이야.

일제 36년은 너희 같은 어린이들에게도 매우 끔찍한 세월이었어. 동시 한 편 읽어 봐. 일제라는 강도에게 공부할 시간도 놀 시간도 빼앗긴 그 시절 어린 누이를 떠올리면서.

누나의 얼굴

윤동주

누나의 얼굴은
해바라기 얼굴
해가 금방 뜨자
일터에 간다.

해바라기 얼굴은
누나의 얼굴
얼굴이 숙어들어
집으로 온다.

도둑들, 사악한 최면술까지 부리다

일제가 저지른 나쁜 일은 도둑질로만 그친 게 아니야. 그들은 우리 민족이 수천 년간 지켜 온 말과 풍습, 역사를 온통 없애려 들었어. 다시 말하면 우리 민족 자체를 없애려 했다는 거야. 사람 몸에서 정신이 빠져나가면 온전한 생명이라 할 수 없듯이, 민족에게서 그 정신이라 할 수 있는 말과 풍습과 역사를 빼앗아 버리면 그 민족은 살아 있다 할 수 없는 것이지.

일제는 우리 민족을 영영 없앨 생각으로 하나하나 음모를 꾸며 가기 시작했어. 맨 먼저 학교 교육은 물론 모든 언론과 관공서를 이용하여 헛소리를 퍼뜨려 댔어. 이를테면 우리 민족을 상대로 사악한 최면술을 부린 것이지. 하지만 이런 헛소리가 먹혀들 리가 있겠어? 일제는 마침내 총칼을 앞세워 본격적으로 '우리 민족 죽이기'에 나섰어. 이를 가리켜 '민족 말살 정책'이라고 해.

뿐만 아니라 우리 나라 곳곳에 있는 문화재나 역사 유적을 파괴하고 일본으로 훔쳐 가기도 했어. 이렇게 해서 우리 민족의 정신이 사라졌냐고? 천만에! 우리 백성들은 나라 잃은 설움이 크면 클수록, 나라와 민족이 얼마나 소중한 건지를 더욱더 가슴에 새겼을 뿐이야.

얼을 뺏긴 사람들

얼이란 정신이나 혼을 가리키는 우리말이야. 우리 민족 모두가 고통스러웠던 일제 36년 동안, 많은 이들이 스스로 더 큰 고통 겪기를 마다하지 않고 독립 운동에 나섰지.

그러나 말 그대로 '얼빠진 인간'들이 있었으니 그들은 일제에 빌붙어 제 민족을 죽이는 일에 앞장섰던 사람들이야. 쥐꼬리만한 권력이 탐나서 일본 경찰이나 군대에 들어가 일제 똘마니 노릇을 했거나, 혼자만 잘살겠다고 일제에 아부하며 조선 백성들을 쥐어짜 부자가 된 사람들도 그렇지만, 백성들의 본보기가 되어야 할 지식인, 문화 예술인, 종교 지도자로서 양심을 팔고 민족을 배반한 사람들이야말로 가장 '얼빠진 인간'이 아닌가 해.

두 사람만 예를 들어 이야기할게.

일제 초기, 일본과 중국 상해를 오가며 독립 운동을 하기도 했던 소설가 이광수(1892~1950). 1919. 2. 8 독립 선언서 작성. 상해 임시 정부 신문 발행인.

3·1운동을 앞장서 이끄신 분이시며, 역사 학자요, 시인이었던 최남선(1890~1957). 3·1 독립 선언서 기초. 최초의 현대시 '해에게서 소년에게' 지음.

이 두 분을 한국 근대 문학의 선구자라고도 해.

그런데 일제 말기에 이르러 두 사람은 갑자기 변하기 시작했어.

민족성이 열등한 조선인들은 일본의 지배를 받는 게 당연하다!

이름도 일본식으로 바꾸어야 한다.

자손 대대로 일본인으로 사는 게 행복한 일입니다.

반자이(만세) 반자이~!

조선인과 일본인은 원래 같은 민족이랍니다.

청년들이여! 일본 제국의 승리를 위해 목숨을 바쳐 싸웁시다.

이 두 사람 말고도 적지 않은 지식인들이 일제를 도와 민족의 얼을 빼앗는 일에 나섰어. 이들은 모두 민족 앞에 씻을 수 없는 죄를 지었을 뿐 아니라 인류의 양심으로 용서되지 않을 죄인이기도 해. 세계를 향해 전쟁을 일으킨 일제를 도왔으니까.

훗날 우리가 해방을 맞이했을 때, 이광수와 최남선은 이런 식으로 이야기를 했어.

우리 민족이 다시 살아날 줄 몰랐습니다. 일제가 이리 빨리 망할 줄 알았더라면 안 그랬을 겁니다.

학식이 뛰어나고 역사에 대한 지식이 많으면 뭐 해? 나와 내 가족을 사랑하듯 이웃과 겨레를 생각하고 세계 평화를 소중히 여기는 맘이 없다면 그런 지식은 아무 쓸모가 없는 거야.

죽어도 좋다. 나라를 되찾으리라!

터지자, 밀물 같은 대한 독립 만세!

1914년 유럽에서 큰 전쟁이 일어났어. 이 전쟁은 5년에 걸쳐 2,000만 명이 넘게 다치고 850만 명이 넘는 사람이 죽고 나서야 끝이 났어. 어마어마하지? 1차 세계 대전이라 불리는 이 전쟁이 마무리 지어진 1919년, 우리 땅에서는 아주 커다란 독립 만세 운동이 일어났어.

다른 민족을 지배하려는 욕심 때문에 그토록 비참한 세계 대전이 일어났으니, 그 욕심을 줄여야만 세계가 평화로울 수 있다며, 러시아와 미국이 앞서서 '모든 민족은 스스로 자기 문제를 결정할 수 있어야 한다.'라는 뜻의 '민족 자결 주의'를 주장하고 나섰어.

이런 주장에 힘을 얻은 우리 지식인들과 종교 지도자들이 모여서 조선의 독립을 선언하고 이를 세계에 알리자고 뜻을 모았지. 1919년 3월 1일, 서울 종로에 있는 탑골 공원에서 마침내 독립 선언식이 열렸어. 일제는 주동자들을 잡아 가두고 거기에 모인 군중들을 흩어지게 하면 끝이라고 생각했지. 그러나 조선 백성들의 생각은 달랐어.

"대한 독립 만세~!" "일제야 물러가라~!" 남녀노소가 따로 없이 조선 사람이면 누구나 이 만세 운동에 뛰어들었고, 그 뜨거움은 몇 날 며칠이 가도록 식을 줄 몰랐어.

도시와 시골, 산골에서 바닷가 마을에 이르기까지 온통 조선 땅이 만세 운동으로 넘쳐 났어. 10년 동안 쌓였던 식민지 백성의 설움이 한꺼번에 터진 거야.

일제는 경찰은 물론 육군과 해군까지 내몰아 이 만세 운동을 잔인하게 짓밟았어. 이로 인해 7,000여 명이 목숨을 잃었고, 15,000명 이상이 다쳤으며 5만여 명이 감옥에 갇혀야 했지.

이렇듯 큰 피해를 겪고 두 달여 만에 '3·1 독립 만세 운동'은 끝이 났지만, 조선 백성들은 두 가지 깨달음을 얻게 되었어. 백성들이 힘을 하나로 모으면 얼마든지 일제를 물리칠 수 있다는 자신감이 그 하나요, 그 힘이 흩어지지 않고 효과적으로 쓰이기 위해 뭔가 조직이 필요하다는 생각이 나머지 하나였어.

1919년 3월에서 5월 사이…

사망
7,000여 명

부상
15,000여 명

체포, 구금
5,000여 명

…그리고…

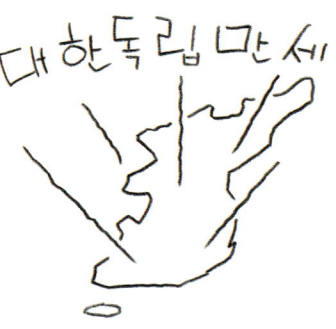
독립을 열망하는 조선 백성
30,000,000명

처음 울려 퍼진 "대~한민국!"

3·1 운동으로 확실히 보여 준 독립에 대한 열망이 결실을 맺었어. 같은 해 9월 나라가 다시 세워진 것이야. 비록 일제를 몰아내지 못한 탓에 조선 땅이 아닌 중국 땅 상해에 임시로 세워진 나라지만, 대한 제국이 망한 지 10년 만에 우리 민족은 새로이 나라를 갖게 되었어. 이름하여 '대한민국 임시 정부'.

다시 세운 나라이지만 새롭다 하는 까닭은 '~제국'에서 '~민국'으로 바뀌었기 때문이야. 제국은 황제가 다스리는 나라를 일컫는 말이요, '민국'이란 바로 백성의 나라란 뜻이지. 우리 역사에 최초로 아무런 신분 차별도 없는 민주주의 정부가 세워진 것이야.

1945년 일제가 망할 때까지 25여 년 동안, 임시 정부는 우리 민족을 대표하는 공식적인 정부로서 숱한 어려움을 견뎌 내며 그 역할을 다하였어.

3·1 운동 이후, 이른바 '문화 정치'라 하여 일제는 예전과 다르게 우리 민족을 덜 차별하겠다고 나섰어. 하지만 그것은 친일파를 늘리려는 속셈이었고, 선심을 베푸는 척하면서 우리 민족을 좀 더 안정적으로 옥죄려는 수작이었지. 앞서 말한 대로 더러 얼빠진 인간들도 있었지만 대다수 우리 민족은 독립에 대한 열망을 뜨겁게 지켜 내고 있었어. 그런 열망이 들끓다 3·1 운동처럼 터져 나오곤 했으니, 1926년 제2의 3·1 운동이라 불리는 '6·10 만세 시위'와 1929년 광주에서 불붙어 전국으로 번진 '항일 학생 운동'이 대표적인 경우야. 뿐만 아니라 노동자들의 파업 투쟁, 농민들의 소작료 거부 투쟁도 잇따랐어. 그런데 말야, 이런 투쟁 가운데 있는 우리 민족 가슴에 처음 새겨지는 네 글자가 있었어. 그게 뭘까?

총을 들고 싸운 사람들

말을 타고 만주 벌판을 내달리며 일본군을 무찌르는 독립군 이야기를 들어 봤니? 변장을 하고 국경을 넘나들며 독립 운동 자금을 나르고, 폭탄을 숨기고 들어가 일제 침략군과 그 시설을 때려부수는 비밀 결사 대원들의 이야기. 얼핏 흥미진진하게 들릴 수도 있겠지만 사실 일제에 맞서 총을 들고 싸우는 일이란 늘 죽기를 각오해야 하는 위험한 일이었어. 하지만 많은 사람들이 죽음을 무릅쓰고 독립 투쟁에 뛰어들었지.

이런 항일 무장 투쟁의 역사는 대한 제국이 망하기 전부터 이미 시작되었다고 봐야 해. 1894년 동학 농민군들의 투쟁, 1905년 을사 보호 조약을 반대하며 일어난 의병 투쟁, 1907년 군대 해산으로 비롯된 의병 투쟁이 1910년 나라가 망하자 독립 투쟁으로 이어진 것이니까.

항일 무장 투쟁이 활발하게 이루어진 것은 3·1 운동 이후야. 특히 1920년, 김좌진 장군과 홍범도 장군이 이끄는 2,000명 가량의 독립군 부대가 20,000여 명의 일본군과 싸워 크게 이긴 일은 누구나 입을 모아 기적 같은 일이라 하지.

백범 김구 선생이 이끌었던 '한인애국단'과 김원봉 선생이 이끈 '의열단'은 비밀 결사 대원들의 활약이 유명했어. 특히 한인애국단 소속인 윤봉길 의사가 혼자서 일본군 사령관과 10여 명의 일제 고관들을 죽거나 다치게 한 의거는 우리의 독립 의지를 세계에 널리 알리는 계기가 되기도 했어. 사실 이러한 항일 무장 투쟁이 직접 독립을 가져다주진 않았지만, 우리 민족이 얼마나 독립을 갈망하고 실제로 노력하는지를 세상에 알리고 독립을 누릴 만한 자격이 있다는 걸 국제적으로 인정받는 데 매우 중요한 구실을 하였어.

생각해 봐! 나라를 뺏기고도 아무 저항 없이 사는 민족에게 어느 누가 독립이 필요하다 여기겠어? 그 민족은 그저 세상에서 사라지고 마는 거야.

새삼스럽게, 일제에 빌붙었던 얼빠진 인간들이 더욱더 미워지네. 쩝~!

겨레의 얼을 지킨 사람들

총을 들고 싸우진 않았지만 일제에 맞서 온 생을 다 바쳐 겨레의 얼을 지켜 낸 분들을 또 기억해야 해. 많은 사람들이 민족의 말과 글, 그리고 역사와 전통 문화를 지키려 애를 썼고, 또 영화와 같은 새로운 문화에 민족의 정신을 담아내려 노력하기도 했지.

말과 글을 지키는 일이 나라를 지키는 일이다.

주시경 선생(1876~1914년). 이미 대한 제국 시절부터 한글 연구에 힘을 기울이신 선생은 일제 침략 이후에도 부지런히 책을 펴내고 제자들을 가르치며 우리 글과 말을 갈고 닦아 내셨어. 훗날 선생의 제자들이 '조선어학회'를 만들기도 하였는데, 일제는 그 제자들을 반란죄로 잡아 가두기까지 했어. 일제로서는 선생 덕에 꿋꿋이 살아 있는 우리 글과 말이 여간 성가신 게 아니었던 거야. 사람들은 주시경 선생이 이룬 한글 연구를 가리켜 "일본군 몇 개 사단을 박살낸 것보다 더 큰 성과"라고 했어.

신채호 선생(1880~1936년). 항일 무장 투쟁을 앞장서 이끈 독립 운동가요, 우리 민족을 위한 신문과 잡지를 펴낸 언론인이기도 하였지만 역사 학자로서 그를 빼놓을 수 없어. 대한 제국이 망한 후부터 본격적인 역사 연구를 시작하여 1920년대 이후 많은 역사책을 지으셨지. 우리 민족은 나라를 잃고서도 선생 덕분에 자랑스런 우리 역사를 잃지 않았어. 일제는 선생을 옥에 가두고 병에 걸려 돌아가시게 만들었어.

민족과 백성의 힘으로만 올바른 독립을 이룰 수 있노라!

특별히 소개한 이 두 분 말고도 많은 이들이 있어 민족의 정신을 살찌우고 나라 잃은 슬픔을 달래어 주었으며, 독립에 대한 희망을 잃지 않고 일제에 맞서 싸울 용기를 심어 주었지. 결국 이들은 겨레의 얼을 지켜 냈을 뿐 아니라 올곧게 가꾸어 내기까지 한 셈이야.

삼천리 강산에 찾아온 새 봄

1945년 8월 15일 12시

1945년 8월 15일 12시. 라디오에서 일본 천황의 힘 빠진 목소리가 흘러나왔어.

1941년 일제는 독일, 이탈리아와 동맹을 맺고 미국을 기습 공격하며 세계 대전에 뛰어들었어. 4년여 동안 자기네 국민은 물론 우리 민족까지 들볶아 대며 전쟁에 이기려 발버둥친 일본이었지만 어마어마한 원자 폭탄의 위력 앞에 결국 무릎을 꿇고 만 것이지. 우리 민족의 독립 운동이 널리 알려져 있던 터라 미국을 비롯한 연합군 측은 일본이 패하면 조선을 독립시키겠노라 이미 서로 약속을 해 놓고 있던 참이었어.

광복군과 임시 정부를 이끌어 온 민족 지도자 김구 선생께서 그럴 리가 없다고? 하지만 사실이야. 왜 그랬을까?
　우리 민족 스스로 해방과 독립을 이루려고 준비하시던 김구 선생은 갑작스레 밀어닥친 해방이 걱정스러웠던 거야. 그리고 그 걱정은 현실이 되어 나타났어.

악! 삼팔선이라니?!!!

일본을 패망시킨 연합군은 우리 민족의 독립 국가 건설을 우리에게 맡기지 않았어. 특히 연합국 가운데 가장 큰 나라인 미국과 소련(옛 러시아) 두 나라는 우리 나라를 서로 자기네에게 유리한 쪽으로 만들기 위해 의견을 다투었어. 두 나라는 우선 우리 나라를 반으로 쪼개 위도 38도선을 경계로 북쪽은 소련군이 남쪽은 미군이 점령하여 맡기로 했지. 해방은 되었지만 독립 국가를 이루는 길은 그리 간단치가 않았어.

출발! 대한민국

해방이 된 지 2년이 지나도록 미국과 소련이 의견을 모으지 못하자 국제 연합(UN)이 나서서 우리 나라 독립에 관한 결정을 내렸어. '두 나라가 나누어 점령하고 있는 남과 북을 통틀어 모든 주민들이 자유롭게 선거에 참여하고 이를 바탕으로 정부를 구성한다.'라는 내용이야. 하지만 북쪽에서는 이를 거부했어. 다시 UN은 남한에서만 선거를 실시하여 정부를 구성하게 한다는 결정을 내렸어. 김구 선생은 삼팔선을 넘나들며 남과 북의 정치 지도자들을 만나 통일 정부를 세우자고 설득하였지만 끝내 뜻을 이루지 못했어. 북쪽의 권력자들은 소련식 공산주의 국가를, 남쪽의 권력자들은 미국과 같은 자본주의 국가를 만들기 원했기 때문이야.

38선을 베고 쓰러질지언정 내 한 몸 편하고자 단독 정부를 세우는 일에 협조하지는 않겠다.

결국 1948년 5월 10일 남쪽만의 총선거가 실시됐어. 우리 나라 역사상 처음으로 민주주의 정치가 실현되는 순간이야.

이렇게 뽑힌 국회의원들로 헌법을 정할 제헌 국회가 만들어졌고 7월 17일 국회는 헌법을 발표했어(이 날이 제헌절이야). 이리하여 1948년 8월 15일, 헌법에 따라 우리 나라 첫 대통령으로 이승만이 뽑혔고, 정식으로 우리 나라 대한민국이 출발하게 되었어. 하지만 아직까지 풀리지 않는 분단의 아픔도 더불어 시작된 셈이니 마음 한편에 안타까움이 일기도 해.

북쪽에서는 그 해 9월 9일 김일성을 수상으로 하여 조선 민주주의 인민 공화국을 따로 만들었어.

민족이 갈리어 따로 나라를 세운 지 2년 만에 남과 북은 서로 죽고 죽이는 전쟁을 겪어야 했고 그 상처는 아직 아물지 않고 있어. 그 아픔을 딛고 어느덧, 우리 대한민국은 잘 사는 나라가 되어 있지. 또한 많은 법들이 갈고 닦여 점점 세련된 민주 국가가 돼 가고 있어. 이 50여 년 사이 많은 일들을 죄 늘어놓고 마치 대한민국 이전의 역사처럼 분명한 평가를 내리기에는 아직 일러. 저마다 생각들이 조금씩 다르기 때문이지. 그래서 이제 우리 가족 이야기로 기나긴 역사 이야기를 마무리하려고 해. 대한민국 이전에 태어나신 할머니 할아버지, 대한민국에서 태어나고 자라 이제 어른이 된 나와 내 아내 그리고 아들 어진이. 이 가족의 역사를 통해 어느 누구도, 원하든 원하지 않든, 역사에 비켜서서 살 수 없다는 걸 같이 느껴 보고자 하는 바람에서야.

부 록

그 다음 이야기

증조할머니 이야기

내 어머니가 살고 계시는 시골집 안방에 들어서면, 돌아가신 아버지 사진 옆에 할머니 사진이 나란히 걸려 있어. 어진이에게는 증조할머니가 되시는 분이야.

1892년에 태어나셔서 1989년 겨울 98세의 나이로 돌아가셨어.

1892년…… 나에게도 그렇지만 너희에게도 까마득한 옛날이지?

내가 너희 만할 때였어.

어느 날, 할머니께서 당신이 기억하고 있는 옛날 일을 들려 주셨어.

"내가 서너 살쯤 됐을까? 자다 말고 머슴 등에 업혀 산으로 도망간 게 기억나. 한참을 가다 산 위에서 우리 집을 내려다봤는데 집 마당에 횃불 든 사람들이 꽉 차 있더라고. 어찌나 무섭던지……. 지금도 생생하단다."

이때 옆에서 같이 듣고 있던 형이 "앗!" 하더니, "할머니! 그거 동학 혁명 이야기야. 와~! 할머니는 그러니까 못된 지주집 딸이었나 보네잉, 하하하!" 이러는 거야. 고등학생이었던 형은 머릿속에서 셈이 되었던 거지.

난 그때 그러려니 넘겼는데, 훗날 대학생이 되어 친구들과 동학 혁명에 대해 공부를 할 때, 그 이야기가 생각나는 거야. 난 친구들에게 떠들어 댔지. "우리 할머니는 동학 혁명을 직접 겪으신 분이야!"

할머니는 1907년 열일곱 나이에 고향 정읍을 떠나 부안으로 시집을 오셨어.

한국 전쟁과 1950년대

1950년 6월 25일, 북한 인민군이 삼팔선을 넘어 남으로 쳐들어왔어. 전쟁에 대한 준비가 없었던 대한민국 정부는 3일 만에 서울을 내주고 한 달 만에 낙동강까지 밀려 내려와야 했어. 정부는 다급히 미국에 도움을 청하였고, 미군과 유엔 연합군의 도움으로 9월 28일 서울을 되찾았지. 이번엔 인민군들이 정신없이 북으로 내몰리었어. 국군과 미군은 한 달 만에 압록강까지 밀고 올라갔어. 전쟁을 일으킨 북한 정부는 국경을 넘어 중국으로 도망을 쳤고 이제 통일이 되는 듯했지. 하지만 중국이 북한을 도와 60만 대군을 일으켜 한반도로 밀려들자 전세가 뒤바뀌었어.

이듬해 1월, 서울이 다시 인민군 손아귀에 떨어졌고 3월엔 국군과 미군이 합세해 다시 또 서울을 되찾았지. 이때부터는 삼팔선을 중심으로 남과 북이 밀고 밀리며 팽팽히 맞섰어. 미국과 중국은 이쯤에서 전쟁을 끝내고자 했지. 한국 정부는 이 기회에 어떻게든 통일을 이루고 싶었기 때문에 전쟁이 계속되길 바랐어. 그러나 혼자 힘으로 전쟁을 치를 수 없는 정부로서는 어찌할 도리가 없었지.

결국 2년에 걸친 휴전 협상 끝에 이 전쟁은 멈추었어. 150여만 명의 사망자, 그보다 더 많은 실종자 그리고 520만 명에 이르는 부상자. 한국 전쟁이 낳은 끔찍한 결과야. 남과 북 가릴 것 없이 한반도는 쑥대밭이 되었고 남북을 가르는 장벽만 더욱 높아져 버렸지. 삼팔선에서 휴전선으로 이름이 바뀐 이

1908년 큰딸(나의 큰고모. 어진이는 얼굴도 못 뵈었지.)을 낳으셨고, 1923년 7남매의 막내로 어진이 할아버지(내 아버지)를 낳으셨어. 그해 할머니는 남편을 잃으셨대. 서른이 갓 넘어 혼자 되신 할머니는 가난한 농촌 살림으로 7남매를 키우며 일제 강점기를 넘으셨어. 그 사이 다섯 딸은 이리저리로 다 시집을 갔고, 해방이 되었을 때 장가 든 큰아들과 막내아들만이 할머니랑 살고 계셨지.

그러다가 1950년 6월, 전쟁이 터진 거야. 남쪽 시골에까지 전쟁이 번져 오자 할머니 가족은 동네 사람들과 함께 피난길에 오르셨대. 할머니는 매우 슬픈 얼굴로 그 피난길 이야기를 들려 주셨어. "논길을 가는데 비행기 소리가 나서 다들 길 아래 비탈에 납작 엎드렸지. 그런데 네 큰아버지가 보퉁이를 떨궜다며 다시 길로 오르더라고. 말릴 새도 없었어. 그때 그만……." 비행기에서 쏟아진 총탄에 큰아들을 잃으신 거야. 그 비행기가 소련군 비행기였는지 미군 비행기였는지조차 할머니는 모르셔. 그냥 그렇게 큰아들을 잃으셨어.

다시 10년 후, 할머니는 막내아들을 따라 부안을 떠나 전주에 살고 계셨어. 학교 문턱에도 못 가 본 막내아들이 미국 선교사의 도움으로 교회 야학에서 공부를 했고, 대학을 나와 전주에 직장을 잡고 있었을 때야. 어여쁜 며느리(내 어머니)도 생겼지.

아들 하나에 딸만 내리 둘을 낳은 며느리가 또 임신을 했어. '아들 손주면 참 좋겠다~!' 라고 속으로 바라고 있었는데 참말로 남자아이가 태어났어. 할머니는 너무 좋아 덩실덩실 춤까지 추셨대.

그 아이가 바로 나야. 1960년 초가을이었어.

장벽을 사이에 두고 1,000만에 이르는 이산 가족도 생겨났어. 또한 전쟁 뒤로는 남과 북이 서로를 같은 민족이라기보다는 무너뜨려야 하는 적으로 여기게끔 되었어.

이승만 정권은 전쟁을 일으킨 북한을 몹시 미워했어. 물론 당연한 일이기도 해. 그렇지만 이승만 정권은 '북한을 반대하면 모두 우리 편' 이라며, 민족을 배반한 예전 친일파들을 높은 자리에 앉히기도 했고, 자신의 경쟁자들을 북한 간첩으로 몰아 감옥에 가두고 심지어 죽이기까지 했어. 또 자신만이 이 나라의 지도자가 될 수 있다는 생각에 국회를 위협하여 법까지 뜯어 고쳤어. 이런 일들은 민주 국가에서 도저히 있을 수 없는 일이야. 이 사이 많은 국민들은 미국이 주는 원조 물자로 겨우 살아 가는 판국이었어. 나라보다 권력을 우선 챙기는 정부를 국민들은 가만두지 않았어.

피난길에 나선 사람들

1950년대가 지나자마자 이승만 정권은 국민들에 의해 끝이 나 버렸어.

외할아버지 이야기

어진이가 어릴 때 외할아버지는 이렇게 묻곤 하셨지. "어진이는 왜 태어났지?"

그럼 어진이는 늘 이렇게 대답해. "외할아버지 기쁘게 해 주려고." 나이 57세 때 첫 손자 어진이를 보신 외할아버지는 정말 기뻐하셨어. 사랑스런 딸아이가 어느덧 자라 살림을 이루고 아이를 낳았으니 어찌 기쁘지 않으셨겠어?

1934년 경북 의성에서 태어나신 외할아버지는 글 배울 나이가 되셨을 때 한글이 아닌 일본어를 배우셔야 했어. 1938년 일제가 모든 학교에서 한글을 못 가르치게 했기 때문이야. 일곱 살 되던 해, 태평양 전쟁이 터졌고 동네 아저씨나 친척 형들이 강제로 전쟁터에 끌려 나가는 걸 지켜보시기도 하셨어.

12살, 그러니까 어진이 외할아버지가 딱 너희 만할 때 우리 나라가 해방이 됐지. 얼마 전 난 어진이를 시켜 그때 외할아버지 기분이 어땠는지 여쭙게 했어.

"너무 좋았지. 그렇게 좋을 수가 없었어!"

학교에서 우리말을 했다고 일본인 선생한테 꿀밤 맞을 일도 없어졌고 강제로 끌려간 사람들도 이제 다 돌아올 거라 생각하니 참 기쁘셨대.

1960년대~1970년대

1960년 3월 15일, 권력을 잃게 될까 두려웠던 이승만 정권은 갖가지 부정한 방법으로 네 번째 대통령 선거를 치렀어. 당장 그 날부터 분노한 국민들이 '선거 무효'를 외치며 들고일어났지. 국민들이 벌이는 시위가 점점 전국적으로 번져 가자 이승만 정권은 군대와 경찰, 심지어 깡패까지 동원하여 시위하는 국민들을 짓밟았어. 하지만 오히려 이 때문에 더 분노한 국민들은 급기야 '이승만 정권 물러가라!'를 외쳤지. 4월 19일 서울에서만 수십만 명에 이르는 시민들이 거리에 나섰어. 군인과 경찰이 총을 쏴 댔지만 소용이 없었어. 자기네 국민을 죽이는 정부는 스스로 정부이기를 포기한 것 아니겠어?

이승만 정권은 결국 국민의 힘에 의해 밀려났지. 300명이 넘는 국민들이 목숨을 희생하여 민주주의를 지켜 낸 이 일을 4·19혁명이라고 해. 뒤이어 8월에는 제2공화국이 선포되고 새로운 정부가 출범하였어. 하지만 1년도 채 지나지 않은 1961년 5월 16일, 군인들이 일으킨 정변으로 제2공화국은 힘없이 무너지고 말아.

그리고 2년 뒤, 정변을 이끌었던 박정희가 새 대통령에 뽑혔고 1979년 암살자의 총에 맞아 숨질 때까지 18년간 우리 나라를 이끌었지. 박정희 정권에 대한 평가는 아직 엇갈리고 있어. '혼란에 빠진 나라를 안정시키고 경제를 발전시킨 훌륭한 지도자'라는 평가가 있는가 하면, 다른 한편에서는 '경제 그리고 꿈을 키워 가며 열심히 공부하던 열일곱 나이, 외할아버지 고등학교 1학년 때 6.25전쟁이 터졌어. 마을을 번갈아 드나들던 국군과 인민군, 지친 모습의 피난민들, 참혹한 주검과 피 흘리던 부상자들…… 외할아버지는 아직도 이 모든 걸 다 기억하고 계셔. 직접 총을 들고 전쟁터에 뛰어들 나이도 아니었고 했지만…….

얼마나 무서웠을까? 지금도 전쟁만큼은 일어나선 안 된다며 늘 걱정하신단다.

전쟁이 멈춘 뒤, 약학대를 나오신 외할아버지는 고향 마을에 작은 약국을 내셨어. 그리고 이웃 마을에서 예쁘고 똑똑하다고 칭찬이 자자한 외할머니를 만나 결혼을 하셨지. 1964년 첫딸이 태어났는데 그 첫딸이 어진이 엄마야.

3년 뒤, 다섯으로 불어난 가족을 이끌고 외할아버지는 서울로 이사를 오셨어. 변두리 동네에 역시 작은 약국을 내셨지. 그리고 지금까지 35년이 넘도록 그 동네 그 자리에서 여전히 많은 이웃들과 정을 나누며 살고 계셔.

그새 식구는 열한 명으로 불어났어. 사위와 며느리를 얻으셨고 손주를 넷이나 두시게 되었지. 아마 앞으로 두셋쯤 더 늘어날지도 몰라. 35년 전, 가난한 동네로 이사 왔던 젊은 약사는 이제 동네에서 존경 받는 어른이 되셨어.

남몰래 어려운 이웃을 돕기도 하시며 수십 년 동안 누구보다 정직하고 성실하게 살아오신 결과야.

성장을 앞세워 기업만 살찌우고 노동자 농민을 억압하며 민주주의를 후퇴시킨 독재자'라고 평가하기도 해.

분명한 평가는 좀 더 기다려 봐야 할 일이야. 그러나 한 나라의 경제가 발전하기 위해서는 다른 무엇보다도 노동자 농민들이 흘리는 땀방울이 가장 소중하다는 것, 그리고 그런 사람들이 잘사는 사회가 진정한 민주주의 사회라는 것만큼은 너무도 분명한 사실이지.

4·19혁명 수십만 명의 사람들이 이승만의 퇴진을 외치며 행진하고 있다.

그 다음 이야기 137

엄마와 아빠의 청춘 시대

1978년 나는 시골에서 서울로 올라온 대학 신입생이었어.

학교 옆에 방을 얻어 놓고 친구와 둘이서 지냈지. 처음으로 가족과 떨어져 살다 보니 좀 힘들기도 했어. 그러나 나보다 더 어린 나이에 고향을 떠나 일을 하는 친구도 있었고 제 힘으로 학비를 벌어 가며 공부하는 친구도 있었어. 그들에 비하면 난 훨씬 형편이 좋았지.

남부럽지 않은 청춘 생활을 보내던 1980년 5월 어느 날이었어. 아침에 학교에 가니 정문은 굳게 닫혀 있고 총을 든 군인들이 지키고 서 있는 거야.

무기한 학교 문을 닫는다는 거였어.

1979년 10월 박정희 대통령이 죽고 얼마 안 있어 다시 군인들이 정변을 일으켰어.

그러나 그 동안 억눌려 왔던 사회 곳곳에서 민주화에 대한 열망이 솟구쳐 나왔어. 대학생들이 중심이 되어 벌이는 시위가 그치질 않자, 정변을 이끌던 세력들은 5월 17일 전국에 있는 모든 대학에 군인을 보내 문을 걸어 잠근 거야.

며칠이 지나자 광주로부터 엄청난 소식이 들려 왔어. 세상에! 우리 나라 군인이 광주 시민을 수도 없이 죽이고 있다는 거야. 믿을 수 없지만 사실이었어. 평화로운 시위를 하는 시민을 총으로 쏘다니! 화가 나고 분노가 치밀기도 했지만 너무나 무서웠어.

1980년대~1990년대

1979년 10월 26일, 18년간 대한민국을 통치해 온 박정희가 부하의 총을 맞고 갑작스레 사망하자 어느 누구도 당황하지 않을 수 없었어. 그 동안 대통령 혼자서 막강한 권력을 갖고 모든 걸 쥐락펴락했기 때문에, 이런 순간에 그 역할을 대신할 준비가 전혀 없었던 거야.

이때 전두환, 노태우를 비롯한 군부 세력이 12월 12일 군사 정변을 일으켜 권력을 장악했어. 역시 군사 정변으로 출발하여 오랜 세월 독재 정치를 폈던 박정희 정권을 국민들은 이미 겪은 터라 전두환 세력에 대한 저항이 만만치가 않았어. 하지만 군부 세력은 우격다짐으로 밀고 나갔어. 이 와중에 그들은 역사 앞에 씻지 못할 죄를 짓고 말았으니 1980년 5월 광주 민주화 항쟁을 총칼로 짓밟은 것이야.

만 명에 이르는 시민이 죽거나 다치거나 실종되는 어처구니없는 일이 벌어졌어. 또한 정변 세력들은 국민의 생명과 재산을 보호해야 할 군인들을 제 나라 국민을 죽이는 일에 내몰았으니 애꿎은 군인들에게도 차마 못 할 일을 한 셈이지.

이런 폭거를 바탕으로 1981년 전두환 정권이 들어섰어. 끈질긴 국민들의 민주화 요구로 1987년 '직선제 개헌'이 이루어졌으나 같은 군부 세력인 노태우 정권이 선거에 의해 들어섰고, 1992년 김영삼 정권이 들어서면서 군부가 권력에서 밀려나 사실상 민간 정부가 구성될 수 있었어. 이른바 '문민 정부'라 불리는 김영삼 정부에 와서야 비로소 지

그곳 광주에서 내 후배와 친구 한 명도 목숨을 잃었다는 소식을 뒤늦게 들었을 때도, 참으로 슬펐지만 정말이지 무섭다는 생각을 떨칠 수가 없었어. 이런 살벌한 분위기 속에서도 우리 나라 국민들은 민주화에 대한 열망을 결코 잃지 않고 있었어. 많은 지식인, 노동자, 청년 학생들이 끊임없이 군사 독재에 맞서 저항했고 1987년이 되자 그 열기가 봇물처럼 터져 나왔어. 마치 3·1 운동처럼. 마치 4·19 혁명처럼!

비로소 나도 두려움을 떨치고 신나게 그 대열에 뛰어들 수 있었어. 그 즈음 지금의 아내를 만났지. 민주주의에 대한 소망을 가득 품고 있는 그녀가 너무 예뻤어. 우리는 착하게 열심히 살아가기로 약속을 하고 1989년 결혼을 했어.

2년 후, 아내와 나는 손을 잡고 해마다 5월이면 열리는 '광주 민주화 운동'을 기리는 시위 대열을 따라 천천히 걷고 있었어. 앞쪽에서 최루탄이 터졌는지 매캐한 냄새가 풍겨 왔어. 그때 아내가 "뱃속에서 아이가 마구 날 치고 있어!" 이러는 거야. 우리는 서둘러 대열을 빠져나와 가까운 식당에 들어가 한숨을 돌렸지. 4개월 후엔 아들 어진이가 태어날 참이었어. 이제 아내와 난 부모 될 준비를 서서히 해야 했지.

난 군사 정권에 대한 심판을 할 수 있었어. 전두환, 노태우 두 전직 대통령이 나란히 법정에 서서 재판을 받게 되었지. 전두환 사형. 노태우 징역 22년. 그들이 군대를 빼돌려 나라의 질서를 무너뜨린 일, 광주에서 수많은 시민들을 죽게 만든 일, 권력을 이용해 법을 어겨 재산을 늘린 일 따위에 이렇듯 무거운 벌이 내려졌어. 하지만 얼마 안 가 둘 다 사면을 받고 풀려났지. 이로써 법적으로는 끝난 일이 되었지만, 역사 안에서 그들이 지은 죄는 영원히 지워지지 않을 것이야.

그리고 지금 21세기가 되었지. 1948년 대한민국 정부 수립 후, 민주주의란 씨가 심어지고 싹이 트고 굳은 줄기가 만들어지기까지 50년 넘는 세월이 지

80년 5월, 전라남도청 앞 광장에 모인 광주 시민들

나고 있어. 중요한 시기마다 지혜롭고 정의로운 시민들이 힘을 모아 조금씩 조금씩 발전시켜 온 거야. 이제부터는 그 줄기 위에 민주주의가 활짝 꽃피리라 믿어 의심치 않아.

그리고…… 네가 태어났어.